Freud, der Wunsch, der Mord, die Wissenschaft und die Psychoanalyse

Über den Autor

Peter Schneider arbeitet in Zürich als Radioredakteur und Psychoanalytiker. Im Nexus Verlag veröffentlichte er die Bücher „Alltag und Exotik", „Die Psychoanalyse ist kritisch, aber nicht ernst" und zusammen mit Ursi Acklin „Hinter-Mir und Über-Ich".

Über das Buch

Wie läßt sich die Psychoanalyse tradieren, d. h. übersetzen, will sagen: deuten? Um diese Frage kreisen die einzelnen Skizzen dieses Essays, kommen aus verschiedenen Richtungen immer wieder auf sie zurück und suchen dabei nicht zuletzt jene Orte der „Unterwelt der Psychoanalyse" (Freud) auf, die ihr selbst fremd und unheimlich geworden sind, die ihr gerade darum aber zutiefst heimisch sind. Der Essay kommt dabei zu dem Schluß, daß die Psychoanalyse nur durch ihre spielerische Preisgabe und Wiederaneignung überleben kann: „Wiederholung, Ablenkung, Entstellung, Umweg – das, so *zeigt* (nicht unbedingt: *sagt*) uns Freud, sind die Weisen, wie wir uns der Wahrheit dessen, was uns bewegt, nähern können: Man muß mit der Wahrheit spielen, um sie zum Zuge zu bringen."

Die Fotos

in diesem Buch habe ich im April 1982 während eines einwöchigen Aufenthalts in Freuds letztem Domizil, in London, 20 Maresfield Gardens, aufgenommen – knapp ein halbes Jahr vor Anna Freuds Tod, nach dem das Haus schließlich in ein Freud-Museum umgewandelt wurde.

Anna Freud und Paula Fichtl erreicht mein Dank an dieser Stelle für ihre liebenswürdige Unterstützung leider nicht mehr, aber Gina Bon und Gertrud Dann.

Peter Schneider

Freud, der Wunsch, der Mord, die Wissenschaft und die Psychoanalyse

Nexus

Gesamtherstellung: Nexus Verlag GmbH
Umschlaggestaltung: Anja Harms und Ulrike Stoltz

Printed in Germany

ISBN 3–923301–68–5

Für Laszlo, der doch früher fertig war als dieses Buch

Inhalt

Längstvergangene Zeiten haben eine große, eine oft rätselhafte Anziehung für die Phantasie der Menschen.
Sigmund Freud, Der Mann Moses

Der Essay ... läßt sich sein Ressort nicht vorschreiben. Anstatt wissenschaftlich etwas zu leisten oder künstlerisch etwas zu schaffen, spiegelt noch seine Anstrengung die Muße des Kindlichen wider, der ohne Skrupel sich entflammt an dem, was andere schon getan haben. ... Weder sind seine Begriffe von einem Ersten her konstruiert noch runden sie sich zu einem Letzten. Seine Interpretationen sind philologisch nicht erhärtet und besonnen, sondern prinzipiell Überinterprationen ... Er denkt in Brüchen, so wie die Realität brüchig ist, und findet seine Einheit durch die Brüche hindurch, nicht indem er sie glättet. Diskontinuität ist dem Essay wesentlich ...
Theodor W. Adorno, Der Essay als Form

Wenn wir mit der biblischen Tradition so selbstherrlich und willkürlich verfahren, sie zur Bestätigung heranziehen, wo sie uns taugt, und sie unbedenklich verwerfen, wo sie uns widerspricht, so wissen wir sehr wohl, daß wir uns dadurch ernster methodischer Kritik aussetzen ... Eine gewisse Rechtfertigung hofft man später zu erwerben, wenn man jenen geheimen Motiven auf die Spur kommt. Sicherheit ist ja überhaupt nicht zu erreichen, und übrigens dürfen wir sagen, daß alle anderen Autoren ebenso verfahren sind.
Sigmund Freud, Der Mann Moses

I. Mit der Psychoanalyse beginnen

„Der Anfang *ist* noch. Er liegt nicht *hinter* uns als das längst Gewesene, sondern er steht *vor* uns. ... Der Anfang ist in unsere Zukunft eingefallen, er steht dort als die ferne Verfügung über uns, seine Größe wieder einzuholen“, heißt es in Heideggers berüchtigter Rektoratsrede (*Die Selbstbehauptung der deutschen Universität,* Ffm. 1983, S. 12 f.).

Wollte man jemanden in die Psychoanalyse einführen, wo sollte man da beginnen? Da, wo die Psychoanalyse begonnen hat: bei Freud natürlich. Aber wie?

Selbstverständlich, indem wir ihn lesen. Doch es ist – worauf Samuel Weber (*Freud-Legende,* Wien 1989, S. XI) uns aufmerksam gemacht hat – gerade die Selbstverständlichkeit, daß und mit der wir Freud lesen, wenn wir uns die Psychoanalyse aneignen, die diese Lektüre zu einer prekären Angelegenheit werden läßt: Denn die von selbst sich verstehende Lektüre der Schriften Freuds verwandelt sich unterderhand zur Lektüre von Selbstverständlichkeiten: „Was sich dabei von selbst zu verstehen scheint, ist, daß die Freudschen Texte einen Sinn haben, der sich von der textuellen Artikulation ablösen läßt, nachdem man dieses Sinnes habhaft geworden ist.“

Wer „selbstverständlich“ Freud liest, muß das, worum es in der Psychoanalyse geht, unweigerlich verfehlen, weil er das Manifeste des Textes nicht *als* Manifestes liest; weil er mit den Widersprüchen, Lücken, Wiederholungen, Sprüngen, Revisionen und Ungereimtheiten des Textes nichts anderes anzufangen weiß, als sie auszubessern, zu ignorieren oder zu ersetzen. „Wenn die Wahrheit von Freud einen Sinn hat“, sagt Lacan (*Seminar I,* Olten 1978, S. 333), „dann ist es dieser – die Wahrheit erwischt im Mißgriff den Irrtum beim Kragen.“ Das heißt schließlich nichts anderes als: Die Wahrheit Freuds kann nur *gedeutet* werden, das psychoanalytische Wissen ist keines, das man aus den Texten Freuds durch *Übernahme* erwerben könnte. Die Tradierung der Psychoanalyse ist damit ein eminent autodidaktisches Unterfangen. Freilich bedeutet autodidaktisch nicht, „daß man von den anderen nichts lernt. Sondern vielmehr, daß man von ihnen nichts lernt, wenn sie einen nicht lehren zu verlernen“ (J.-F. Lyotard, *Grabmal des Intellektuellen,* Graz und Wien 1985, S. 42). Es liegt im Wesen der Psychoanalyse, daß sie sich ihrer Grundlagen nur durch stete Neudeutung und Problematisierung versichern kann. Das macht sie „unendlich". In diesem Sinne ist die Lektüre Freuds das, was Lyotard als eine spezifisch philosophische Lesart bezeichnet: „Diese Lektüre ist nicht darum philosophisch, weil die gelesenen Texte philosophisch sind – ebensogut kann es sich um politische, künstlerische oder wissenschaftliche Texte handeln, und man kann philosophische Texte lesen, ohne zu philosophieren; sie ist nur philosophisch, wenn sie autodidaktisch ist. Sie ist die Übung, sich durch einen Text verstören zu lassen, eine Übung in Geduld. Im Verlauf der philosophischen Lektüre lernt man nicht nur, was zu lesen ist, sondern daß die Lektüre nie ein Ende hat, daß sie immer nur anfängt, daß man das, was man las, nicht gelesen hat. Sie ist eine Übung in aufmerksamem Hören" (S. 43). In dieser Formulierung klingt die psychoanalytische Art des Hörens an: die freischwebende Aufmerksamkeit. Zu ihr gehört auf gewisse Weise auch eine Abstinenz gegenüber dem Text, die auf verwertende Vereinnahmung und Nutzbarmachung verzichtet.

Es hat sich eingebürgert unter Psychoanalytikern, Kritik an der Psychoanalyse durch den Hinweis auf Fortschritte der Theorie seit Freud zu parieren: Neuerungen, in denen wissenschaftliche Unzulänglichkeiten, Vereinfachungen, Einseitigkeiten und Vergröberungen korrigiert worden seien. Das Spektrum der Psychoanalyse sei erweitert, der Anwendungsbereich der Therapie vergrößert worden – kurz: die Psychoanalyse sei eine *science in progress* und Freud nurmehr ihr genialer Klassiker. Den Mann zu ehren, der das Rätsel löste, heißt bekanntlich seine Gedanken weiterentwickeln. Zum Beispiel so: „Der kulturpsychologische und kulturkritische Ansatz der Psychoanalyse ist seit Freud kontinuierlich weiterentwickelt worden. Neopsychoanalytikern wie Erich Fromm, Karen Horney oder Harry Stack Sullivan ist es gelungen, jenseits von Freuds Triebpsychologie eine humanistische Psychologie zu entwickeln, die es allerdings in konkreter psychotherapeutischer Arbeit erst noch breitenwirksam einzulösen gilt", schreibt Kornbichler (Ffm. 1989, S. 114) im Buch zu seinem gleichnamigen ARD-Film *(Die Entdeckung des siebten Kontinents)*, das der Fischer-Verlag seinem Autor Freud pünktlich zum 50. Todestag bescherte: Staub zu Staub und Asche zu Asche.

Daß das Argument der kontinuierlichen Weiterentwicklung die Kritiker nicht überzeugt, vermag allerdings kaum zu verwundern: Unbestreitbar ist zwar, daß der Korpus psychoanalytischer Texte seit Freud und über Freud hinaus beständig erweitert worden ist und wird, aber diese Erweiterung geschieht keineswegs nur durch bloß theoretische Entfaltung und Ergänzung des Vorhandenen, sondern mindestens ebensosehr durch die Hinzufügung neuer Widersprüche und neuer Inkompatibilitäten. Die sogenannte Weiterentwicklung der Psychoanalyse gleicht dabei in der Tat eher dem Gang der assoziativen Verknüpfung denn einer fortschreitenden theoretischen Entfaltung einer vorgegebenen konsistenten Logik. Das assoziative Denken, das unter den Voraussetzungen der psychoanalytischen Therapeutik als Bedingung der Möglichkeit des analytischen Erkenntnisprozesses erscheint, steht unter der Perspektive der Wissenschaftlichkeit da im schlechten Licht eines defizienten Modus des Denkens. (Verstehen wir diese Rede vom assoziativen Charakter des psychoanalytischen Denkens nicht falsch: Es bedeutet keineswegs, daß das analytische Theoretisieren ein assoziatives Zusammenfügen irgendwelcher Einfälle ist; vielmehr, daß auch die Ordnung der psychoanalytischen Theorie nicht nur einer manifesten, sondern auch einer latenten Logik folgt.) Die divergierenden Terminologien doch noch einmal in einer psychoanalytischen Einheitssprache zusammenzufügen ist darum den verzweifelten Rettern des wissenschaftlichen Renommees der Psychoanalyse zum Ziel einer Therapie geworden, der sie die Psychoanalyse unterziehen möchten.

Doch dabei verkennen sie geflissentlich, daß es gerade die Unschärfe und die Uneindeutigkeit der Begrifflichkeit sind, die – alles andere als ein Defizit – die Psychoanalyse in Bewegung halten, so wie die Bewegung der Assoziation die Therapie in Gang hält. Es sind dies Bewegungen, die gerade darauf beruhen, daß ihre wortverfaßten, begrifflichen Elemente nicht mit sich selbst identisch sind, sondern nur im Verweis auf immer ein anderes ihre Wahrheit zum Ausdruck bringen können. Die psychoanalytischen Begriffe enthalten wie die Einfälle des Analysanden eine Geschichte, die auf Begriffsgeschichte im traditionellen Sinn reduzieren zu wollen sie gründlich mißverstehen hieße.

Es mag mit solcher Einsicht zusammenhängen, daß psychoanalytische Denker wie Morgenthaler und Lacan auf je ihre Weise dem „Formalen“ (bis hin zur mathematischen Abstraktion) gegenüber dem „Inhaltlichen“, der „Bewegung“ gegenüber dem Ergebnis die Priorität in ihrem Interesse eingeräumt haben. In der Tat gleichen psychoanalytische Einsichten den vielzitierten Kieseln im Fluß, die einen faszinieren, die aber, nimmt man sie heraus und bewahrt sie auf, ihren Glanz verlieren und nichts weiter sind als banale Steine.

Über die Psychoanalyse immer wieder erneut nachdenken – und das läßt sich nicht vermeiden, will man *psychoanalytisch* denken –

heißt nicht zuletzt, die Begriffe, das „Vokabular der Psychoanalyse" (Laplanche/Pontalis), stets aufs neue zu problematisieren, immer wieder von vorne anzufangen, ohne daß dies hieße, zu einem Ende kommen zu können. Die ständige Neukonstruktion der Psychoanalyse von den immer wieder anders sich stellenden Problemen her gleicht eher einer zirkulären Bewegung. Es liegt auf der Hand, daß solches problematisierende Infragestellen jeweils vieles unbefragt lassen muß: Man muß vieles provisorisch als unproblematisch voraussetzen, um anderes erst als fragwürdig auffassen zu können. Man sollte sich allerdings nicht darüber täuschen, daß das notwendigerweise als unproblematisch Vorausgesetzte damit auch tatsächlich unproblematisch wäre, wo es doch zunächst nichts weiter ist als vorläufiges Instrumentarium, einen anderen Teil unseres Vokabulars in Bewegung zu versetzen. (Anerkennt man dieses nicht, so verhält man sich wie der Analytiker, der daran glaubt, das Arbeitsbündnis, das Setting und der Behandlungsvertrag seien die Archimedischen Punkte außerhalb des analytischen Geschehens. Natürlich tun wir so, als könnten wir uns auf die Abmachungen des Arbeitsbündnisses berufen – aber in gewissen Sinne doch nicht anders als der Liebende, der immer nur darauf hoffen kann, daß er sich niemals auf die Liebesbeteuerungen der Geliebten wirklich einmal wird berufen müssen. Der Rückgriff auf die Vereinbarungen des Settings ist weniger ein Mittel der Beseitigung von Störungen in der analytischen Beziehung als bereits ihr Indiz.) Das naive Gebrauch eines großen Teils des psychoanalytischen Vokabulars ist nicht zu vermeiden; wir sollten daraus freilich keine Tugend machen und den Schluß ziehen, es existiere eine sichere Logik geklärter Begriffe: So wie wir heute den einen Begriff drehen und wenden und in oszillierende Schwingungen versetzen mögen, so können wir dies morgen ebenso mit einem anderen tun.

Nichts verträgt sich nämlich schlechter mit Psychoanalyse als Gewißheit. Und sei es auch nur die negative Bestimmung der Gewißheit, unausweichlich in den „Netzen des Signifikanten" gefangen zu sein. „Darin steckte etwas, womit sich jeder dünkelhafte Anspruch zurückweisen ließ, aber ebenso etwas zur Untermauerung einer unserer zählebigsten Illusionen – nämlich in eine universale Logik eingebettet zu sein", berichtet Pontalis (*Ins Beginnen verliebt,* Tübingen 1989, S. 173) über seine Erfahrung in Lacans Seminar. („‚Sich keine Illusionen mehr machen': da beginnen sie erst", schrieb Karl Kraus.) Am Schluß von Lacans Erhebung der Sprache zum absoluten Souverän steht die Sprachlosigkeit, die Zäsur des Redens, die das Gerede zum

Verstummen bringen soll, steht die reine Symbolik des Mathems oder Graphems.

„Sollte die Sprachlosigkeit tatsächlich jeden Sprachmißbrauch bedrohen und gleichzeitig aufkünden? Das Paradox besteht darin, daß wir diesen Mißbrauch begehen, um dem Ungenügen der Sprache, ihrer innersten Leere, ihrer gewaltsamen oder sachten Melancholie beizukommen. Wir wollen ihr zu einer unerschütterlichen Autorität verhelfen, wir betteln verrückterweise darum, sie möge die Evidenz eines Dings, die Präsenz eines Körpers haben. Und so, durch eine allzu ausschließliche Liebe, verkennen wir sie am meisten. Doch wenn uns des öfteren einfällt, daß wir auf immer von der Sprache getrennt sind, dann, weil sie die Trennung ist und nur die Trennung sagt. Und wenn wir uns ihren Mächten überantworten, die denen der Magie so nahe kommen, dann können wir, von ihr mitgerissen und von ihrer Schönheit beglückt, zu einer unerhörten Wahrheit gelangen, weil sie das entfernte, insistierende Echo all unserer Verluste ist" (Pontalis, S. 174 f.).

Damit sind wir wieder beim Beginn(en mit) der Psychoanalyse angelangt: den Texten, dem Sprechen Freuds. Selbst da, wo Freud uns anspricht als Hörer seiner Vorlesungen oder als wohlwollenden Unparteiischen, gibt es keine Unmittelbarkeit des Zugangs zu Freud oder, genauer gesagt, zu seinem Wissen. Anders gesagt: Es gibt das psychoanalytische Wissen Freuds nicht als Jenseits seiner Ansprache an uns und seiner Aussagen.

Was bedeutet das hinsichtlich dessen, wie die Psychoanalyse weiter-, und das heißt fortzudenken sei? Nehmen wir die Sprache beim Wort, so lautet die Antwort: indem wir das Fort der Psychoanalyse denken. (Die Sprache Freuds beim Wort zu nehmen heißt ja gerade, sie als Ausdruck der Trennung von Freud zu begreifen, und dies nicht bloß deshalb, weil Freud tot ist.) Psychoanalytisch zu denken heißt in diesem Sinne, das Fort-Da-Spiel mit der Psychoanalyse zu spielen. Ohne diesen „symbolischen Mord" an Freud können wir uns die Psychoanalyse gar nicht aneignen, anders läßt sich Freud nicht lesen. Richard Sterba (*Erinnerungen eines Wiener Psychoanalytikers,* Ffm. 1985, S. 119; Hervorhebung von mir) zufolge soll Freud über seine Buch „Das Unbehagen in der Kultur" in einer Sitzung der Wiener Psychoanalytischen Vereinigung geäußert haben: „Mein Buch entspringt der Einsicht: mit der Trieblehre wie bisher kommen wir nicht nach. Man wirft mir vor, ich mache den Versuch, den Todestrieb den Analytikern aufzudrängen. Aber ich bin wie ein alter Landwirt, der Obstbäume pflanzt, oder *wie jemand, der das Haus verläßt und den*

Kindern etwas zum Spielen hinterläßt. Ich schrieb das Buch in rein analytischer Absicht aus meiner früheren Existenz als analytischer Schriftsteller heraus, in grübelndem Zuschauen, die Konzeption des unbewußten Schuldgefühls zu Ende zu fördern. Schuldgefühle führen zum Verzicht auf Aggression. So, jetzt spielt damit! Aber ich betrachte dies als den wichtigsten Fortschritt in der Analyse."

„In jeder Epoche muß versucht werden, die Überlieferung von neuem dem Konformismus abzugewinnen, der im Begriff steht, sie zu überwältigen", schrieb Walter Benjamin (GS I.2, S. 695). Die Psychoanalyse wird auch immer wieder jener terroristischen Wissenschaftlichkeit abzuringen sein, deren geisttötende Funktion Adorno (*Eingriffe,* Ffm. 1980, S. 55) beschrieb, als er mit Hinblick auf die Geisteswissenschaften feststellte: „Die vielberufene methodische Sauberkeit, allgemeine Kontrollierbarkeit, der Consensus der zuständigen Gelehrten, die Belegbarkeit aller Behauptungen, selbst die logische Stringenz aller Gedankengänge ist nicht Geist: das Kriterium des Hieb- und Stichfesten wirkt jenem immer zugleich auch entgegen. Wo der Konflikt gegen die unreglementierte Einsicht entschieden ist, kann es zur Dialektik der Bildung ... gar nicht kommen ... Zur Intoleranz gegen den Geist, der ihr nicht gleicht, neigt Wissenschaft offenbar um so mehr, pocht um so mehr auf ihr Privileg, je tiefer sie ahnt, daß sie das nicht gewährt, was sie verspricht." In einem bemerkenswerten Aufsatz aus dem Jahre 1910 über die „Organisation der psychoanalytischen Bewegung" schlägt ausgerechnet der passionierte Freigeist der Psychoanalyse, Ferenczi, Formen akademischer Institutionalisierung vor, die eben genau jenen kreativen Geist totschlagen müssen, den er zuvor enthusiastisch an der Psychoanalyse lobt. Ferenczi polemisiert in diesem Aufsatz gegen den Versuch der Zürcher Gruppe, die Freudsche Psychoanalyse experimentalpsychologisch zu untermauern, konzediert jedoch, auch ihm sei die dem zugrundeliegende Mentalität übertriebener Ehrfurcht vor der Exaktheit nicht fremd gewesen: „... auch ich kam erst später zur Einsicht, daß die ‚Exaktheit' der vorfreudschen Psychologie eine Art Selbstbetrug, ein Deckmantel ihrer Gehaltlosigkeit war. ... die Psychoanalyse ist ‚unexakt', aber sie zeigt uns ungeahnte Zusammenhänge ..." (*Schriften zur Psychoanalyse,* Bd. I., Ffm. 1970, S. 50). Diesen unexakten, aber faszinierenden Gehalt der Psychoanalyse gilt es durch Verwaltung zu erhalten; die Periode des „Guerillakampfes", wie Ferenczi die zweite Phase der Psychoanalyse (nach der Phase des Freudschen Einzelkampfes) nennt, ist vorüber – es gilt einen Verein zu gründen: „... wir haben also außer unseren Publikationsorganen einen Verein nötig, deren Mitgliedschaft einige Garantie dafür bietet, daß wirklich Freuds psychoanalytisches Verfahren und nicht eine zum eigenen Gebrauch zurechtgebraute Methode angewendet wird. ... Genügende Sorgfalt und Vorsicht bei der Aufnahme neuer Mitglieder würde es ermöglichen, den Weizen von der Spreu zu sondern. Der Verein sollte sich eher mit einer kleinen Mitgliederzahl begnügen, als Leute aufnehmen oder beibehalten, die in prinzipiellen Fragen noch keine feste Überzeugung gewonnen haben. Ersprießliche Arbeit ist ja nur dort denkbar, wo bezüglich der Grundfragen Übereinstimmung herrscht“ (S. 55).

Ferenczis Vorschlag zur Gründung einer „Internationalen Psychoanalytischen Vereinigung“ wird auf dem 2. Psychoanalytischen Kongreß in Nürnberg gutgeheißen. Die Ambivalenz der Psychoanalytiker gegenüber der Psychoanalyse ist damit auch demokratisch abgesichert und statuarisch festgeschrieben. Über diese Ambivalenz wird noch später zu reden sein.

Wie läßt sich denn nun – jenseits ihrer Errettung durch Mumifizierung – die Psychoanalyse tradieren, d. h. übersetzen, will sagen: deuten? (Ob die Antwort darauf eine „Rückkehr zu Freud“, eine Rückversicherung bei der Authentizität des Ursprungstextes, bedeuten kann, ist zweifelhaft. Naheliegender scheint es, auf diesen Anspruch der unumgänglichen Neudeutung Freuds Konzept der „Nachträglichkeit“ anzuwenden.) Wie und warum und wohin wollen wir die Psychoanalyse treiben, und was treibt sie dabei mit uns? Auf dem Hintergrund des eben Angedeuteten kreisen die einzelnen Skizzen dieses Essays um diese Fragen, kommen aus verschiedenen Richtungen immer wieder auf sie zurück und dabei nicht umhin, gerade auch jene Orte der „Unterwelt der Psychoanalyse“ (Freud, GW X, S. 113) aufzusuchen, die es zu bewegen gilt, wenn wir, die Psychoanalyse deutend, Psychoanalyse treiben wollen. Es sind Orte, die der Psychoanalyse selbst fremd und unheimlich geworden sind, die gerade deshalb aber ihrem Wesen zutiefst heimisch sind. „Unheimlich ist irgendwie eine Art von heimlich“, sagt Freud (GW XII, S. 237), und: „Ja, ich würde mich nicht verwundern zu hören, daß die Psychoanalyse, die sich mit der Aufdeckung dieser geheimen Kräfte beschäftigt, vielen Menschen darum selbst unheimlich geworden ist“ (S. 257). Auch den Psychoanalytikern.

II. Der Blick zurück nach vorn und in den Spiegel

Lacans Interpretation der Zeitlichkeit des Unbewußten als der eines Wird-gewesen-Sein, hat einen neuen Blick eröffnet: „Freud ordnete das Unbewußte der Vergangenheit zu; Lacan zeigt, daß die Vorzukunft die eigentliche Zeitform des Unbewußten ist, strukturiert sie doch antizipierend-entwerfend das Bedeutsame dessen, was gewesen ist" (Peter Widmer, *Subversion des Begehrens,* Ffm. 1990, S. 19).

Im Begriff der *Übertragung* ist etwas von dieser Zeitstruktur des Unbewußten eingefangen, davon, daß im Wunsch eine Erinnerung zum Zuge kommt, die von allem Anfang an über sich hinaus in die Zukunft weist. Diesen Sinn der Übertragung mißversteht man aber gerade dann, wenn man in ihr nur eine Form therapeutisch aufzuhebender Realitätsverkennung sieht.

„Vergangenes historisch artikulieren heißt nicht, es erkennen ‚wie es denn eigentlich gewesen ist'." Was Walter Benjamin (GS I.2, S. 695) so pointiert in seiner Schrift „Über den Begriff der Geschichte" feststellt, gilt ohne Abstriche ebenso für das psychoanalytische Verhältnis zur Geschichte: „Die Geschichte ist Gegenstand einer Konstruktion, deren Ort nicht die homogene und leere Zeit, sondern die von Jetztzeit erfüllte bildet. So war für Robbespierre das antike Rom eine mit Jetztzeit geladene Vergangenheit, die er aus dem Kontinuum der Geschichte heraussprengte. Die französische Revolution verstand sich als ein wiedergekehrtes Rom" (S. 700). Diese Position zur Geschichte prägt nicht nur das Verhältnis des Psychoanalytikers zur Lebensgeschichte des Analysanden, sondern auch zur Geschichtlichkeit der Psychoanalyse selbst. Aber die Psychoanalyse zeichnet noch etwas darüber hinaus aus: So wie ihr Verhältnis zur Geschichte kein konkretistisch distanzierendes ist, so ist ihr Verhältnis zu jedem außerhalb von ihr gewonnenen Wissen nicht das einer *Ergänzung:* Sie kann es sich nicht anders zu eigen machen als durch seine *Durchdringung* mit dem *ihr* eigenen Interesse. Dies berührt unweigerlich das Problem der vielbeschworenen Einbindung der Psychoanalyse in die Interdisziplinarität, das aber anders zu lösen wäre als durch eine akkumulative Aneignung des fremden Wissens. Je weniger die Psychoanalytiker über die Psychoanalyse nachdenken, desto wild entschlossener glauben sie an die interdisziplinäre Forschung. Die *Über-*

tragung ihres psychoanalytischen Interesses auf alles und jedes, die sie nicht mehr zustande bringen, wollen sie durch gepflegte wissenschaftliche *Zusammenarbeit* ersetzen. Das Niveau der Erkenntnis, das dabei erreicht wird, kennt man von den Ringvorlesungen für Hörer aller Fakultäten oder den Arbeitskreisen über Ethik, in denen jeweils ein Mediziner, ein Philosoph und ein Theologe sich gern gemeinsam über Dinge verbreiten, von denen sie zusammen noch weniger verstehen als ein jeder von ihnen allein. Überhaupt das Verhältnis der Psychoanalytiker zur Theorie, insbesondere zur psychoanalytischen: Vor diese schöne Beschäftigung (neben einem guten Buch, einem Konzertbesuch oder auch einem wertvollem Kinofilm sicher etwas *ganz* Wichtiges) hat die Ananke, griech. Realität, leider die tägliche klinische Praxis, kurz auch: *Klinik* (das Krankenhaus *in uns* sozusagen), gesetzt. Dort geht es viel prosaischer zu: Dort nämlich geht es darum, die im Erstinterview erwähnte Geschichte der Scheidung der Eltern des Analysanden in die vierjährige analytische Durcharbeitung der zentralen Trennungsproblematik umzusetzen (gemäß der Maxime *Erwähnen, Wiederholen, Durcharbeiten*). Aber genug der Häme!

Die Besonderheit des Status des psychoanalytischen Denkens hat Jacques Lagrange berührt, wenn er in einem Aufsatz über die „Lesarten der Psychoanalyse im Foucaultschen Text“ (in: *Foucault und die Psychoanalyse,* hg. v. M. Marques, Tübingen 1990, S. 19 f.) schreibt: „Die psychoanalytischen Begriffe lassen sich denn auch nicht zur Analyse der empirischen Inhalte der Wissenschaften vom Menschen heranziehen, denn sie operieren auf einer anderen Ebene, nämlich dort, wo es um die Bedingungen geht, die die Funktionen und ihre Normen, die Konflikte und ihre Regeln, die Bedeutungen und ihre Systeme erst möglich machen. Daher kann die Psychoanalyse unter keinen Umständen eine Wissenschaft vom Menschen neben den anderen sein. Zum einen ohne Zweifel deswegen, weil sie jene allem zugrundeliegende Region freilegt und damit die Möglichkeit eröffnet, die zwischen den anthropologisch-positiven Entitäten geschaffenen Einschnitte und von diesen Disziplinen angesetzten Zäsuren zu überbrücken. ... Zum andern deshalb, weil angesichts von Unternehmungen unterm Titel der Wissenschaft, die sich die Verfügung über objektive Orte sichern, welche sie mit Grenzen umgeben, da sie sich Ausflüge aus ihrem Territorium heraus nicht zutrauen, die Psychoanalyse als das Noch-Nirgendwo einer epistemologischen Notwendigkeit figuriert.“

Freuds Polemik richtet sich konsequent gegen jede Disziplinierung der Psychoanalyse: Die Frage, wer wo warum psychoanalytisch deuten dürfe, weigert Freud sich – mit dem Hinweis auf die Ärzte, das Setting und die Heilung der Kranken – zu beantworten. Der Deutungsanspruch der Psychoanalyse ist ein universeller. Die Psychoanalyse entfaltet auf diese Weise inmitten der Disziplinen des Wissens eine entdisziplinierende Wirkung. Die Psychoanalyse ist, wie Pontalis (*Nach Freud,* Ffm. 1974, S. 97) sagt, „eine Umwälzung unserer Beziehung zum Wissen".

Zwei zentrale polemische Begriffe der Ideologiekritik lauten: Psychologismus und Biologismus. Sie lasten wie ein Denkverbot über jeder linken Freudlektüre, die versucht, in Freudschen Begriffen jenem rätselhaften „Zusammenhang" von Subjekt und Gesellschaft nachzuspüren. Doch diese Ideologiekritik muß sich nachsagen lassen, „daß sie längst dazu übergegangen ist, das, was uns nicht paßt, zu tabuisieren, anstatt es zu erklären". „Sie hat", fährt Enzensberger fort (*Politische Brosamen,* Ffm. 1985, S. 233 f.), ohne daß wir es recht bemerkt hätten, die Rolle eines Aufpassers übernommen. ... Die Arroganz dieser akademischen Exorzisten wird nur durch ihre Ohnmacht übertroffen. Sie begreifen nicht, daß man Mythen nicht durch Seminararbeiten widerlegen kann und daß ihre Denkverbote kurze Beine haben. Was, zum Beispiel, hilft es ihnen und was nützt es uns, wenn sie, zum hundertsten Mal, jeden Vergleich zwischen Natur- und Gesellschaftsprozessen für unzulässig und reaktionär erklären? Die elementare Kraft der Phantasie lehrt Millionen von Menschen, dieses Verbot fortwährend zu übertreten."

Es hat allen Anschein, als ob auch das theoretische Denken der Psychoanalyse wesenhaft als *übertragendes* strukturiert wäre. Das Einsetzen des einen für das andere, die Ausdrucksformen der Verdichtung, Verschiebung und Symbolisierung exemplifizierend, ist die Tätigkeit des Psychoanalytikers par excellence: Deuten auch als Mimesis der Produktionen des Unbewußten. Freud hat sich niemals um die ideologiekritische Partikularisierung des Wissens geschert. Seine Texte vollziehen die Konstruktion des Gesellschaftlichen auf scheinbar unerschütterlich naive Weise: Es gibt nicht nur den Konflikt zwischen Individuum und Gesellschaft, die individuelle Konfliktgeschichte des Menschen ist darüber hinaus Abbild der kollektiven – und umgekehrt. Der innerpsychische Ödipuskonflikt baut auf der bewußtlosen Erinnerung an die Urgeschichte von Urvater und Brüderhorde auf, in der einst die Ödipustat materielle kollektive Geschichte geworden ist. Das Bindeglied zwischen der kollektiven Urerfahrung und der individuellen Konfliktgeschichte ist der genetische Niederschlag der historischen Erfahrung. Und selbst wenn es alles anders wäre, so ist die Geschichte von der Urhorde doch immerhin eine *gute Geschichte,* Geschichte im doppelten Sinne des Wortes. Mehr als das sogar: eine offenbar unentbehrliche Geschichte.

„Bei näherer Besinnung“, so teilt uns Freud im Anschluß der Rekapitulation seiner Thesen aus „Totem und Tabu“ in „Der Mann Moses und die monotheistische Religion“ mit, „müssen wir uns eingestehen, daß wir uns seit langem so benommen haben, als stände die Vererbung von Erinnerungsspuren an das von den Voreltern Erlebte, unabhängig von direkter Mitteilung und von dem Einfluß der Erziehung durch Beispiel, nicht in Frage. ... Unsere Sachlage wird allerdings durch die gegenwärtige Einstellung der biologischen Wissenschaft erschwert, die von der Vererbung erworbener Eigenschaften auf die Nachkommen nichts wissen will. Aber wir gestehen in aller Bescheidenheit, daß wir trotzdem diesen Faktor in der biologischen Entwicklung nicht entbehren können. ... Wenn wir den Fortbestand solcher Erinnerungsspuren in der archaischen Erbschaft annehmen, haben wir die Kluft zwischen Individual- und Massenpsychologie überbrückt, können die Völker behandeln wie den einzelnen Neurotiker. Zugegeben, daß wir für die Erinnerungsspuren in der archaischen Erbschaft derzeit keinen stärkeren Beweis haben als jene Resterscheinungen der analytischen Arbeit, die eine Ableitung aus der Phylogenese erfordern, so erscheint uns dieser Beweis doch stark genug, um einen solchen Sachverhalt zu postulieren. Wenn es anders ist, kommen wir weder in der Analyse noch in der Massenpsychologie auf dem eingeschlagenen Weg einen Schritt weiter. Es ist eine unvermeidliche Kühnheit“ (GW XVI, S. 206 f.).

„Unvermeidlich“ – denn diese Kühnheit erlaubt es, einen weiteren theoretischen Knoten mit nur einem Streich entzweizuschlagen: „Wir tun damit auch noch etwas anderes. Wir verringern die Kluft, die frühere Zeiten menschlicher Überhebung allzuweit zwischen Mensch und Tier aufgerissen hat. Wenn die sogenannten Instinkte der Tiere, die ihnen gestatten, sich von Anfang an in der neuen Lebenssituation so zu benehmen, als wäre sie eine alte, längst vertraute, wenn dies Instinktleben der Tiere überhaupt eine Erklärung zuläßt, so kann es nur die sein, daß sie die Erfahrungen ihrer Art in die neue Existenz mitbringen, also Erinnerungen an das von ihren Voreltern Erlebte in sich bewahrt haben. Beim Menschentiere wäre es im Grunde auch nicht anders. ... Nach diesen Erörterungen trage ich keine Bedenken auszusprechen, die Menschen haben es – in jener besonderen Weise – immer gewußt, daß sie einmal einen Urvater besessen und erschlagen haben" (GW XVI, S. 207 f.). Ein großartiger psychologistischer Biologismus, der sich nicht einmal um die Petitessen der biologischen Forschung schert!

Gerd Kimmerle (*Anatomie des Schicksals,* Tübingen 1986, S. 30) hat die Ironie der ontogenetischen Geschichtskonstruktion herausgestrichen: „Was ontogenetisch mißlingt, wird phylogenetisch unterstellt: die menschliche Psyche ist ein Spiegel der äußeren Realität. Durch die Fiktion der Urhorde soll die referenzsemantische These gerettet werden, alle Erinnerung sei eine Verinnerlichung. Ironischerweise führt der Versuch, Erinnertes und Erlebtes durch die Kausalität objektiv feststellbarer Ereignisse aneinanderzuketten, dazu, daß das Reale dem Imaginären überantwortet ist." Damit ist aber auch die „letzte" Urrealität, auf die Freud die Psychoanalyse gründen möchte, offensichtlich selbst der Deutung sowohl fähig als auch bedürftig, ist also die letzte materielle Wahrheit, auf die Freud die historische Wahrheit der Religion zurückführt, selbst wiederum eine historische. „Wir glauben, daß die Lösung der Frommen die Wahrheit enthält, aber nicht die *materielle,* sondern die historische Wahrheit" (GW XVI, S. 238). Dieser Satz Freuds läßt sich auf Freuds Rekonstruktion der Urgeschichte zurückwenden. (Ich werde noch darauf zurückkommen.) In seinem Aufsatz über „Eine Kindheitserinnerung des Leonardo da Vinci" zieht Freud (GW VIII, S. 151 f.) den Vergleich zwischen individueller und kollektiver Geschichtsschreibung: „... nun entstand das Bedürfnis zu erfahren, woher man gekommen und wie man geworden war. Die Geschichtsschreibung, welche begonnen hatte, die Erlebnisse der Jetztzeit fortlaufend zu verzeichnen, warf den Blick auch nach rückwärts in die Vergangenheit, sammelte Traditionen und Sagen, deutete die Überlebsel alter Zeiten in Sitten und Gebräuchen und schuf so eine Geschichte der Vorzeit. Es war unvermeidlich, daß diese Vorgeschichte eher ein Ausdruck der Meinungen und Wünsche der Gegenwart als ein Abbild der Vergangenheit wurde ... Das bewußte Gedächtnis eines Menschen von den Erlebnissen seiner Reifezeit ist nun durchaus jener Geschichtsschreibung zu vergleichen, und seine Kindheitserinnerungen entsprechen nach ihrer Entstehung und Verläßlichkeit wirklich der spät und tendenziös zurechtgemachten Geschichte der Urzeit eines Volkes."

Bei der Urszene, der Beobachtung des elterlichen Koitus, die Freud in seiner Behandlung des Wolfsmanns rekonstruiert, deren Realitätswert er aber offen läßt, indem er konzediert, es könne sich dabei auch um die auf die Eltern übertragene Beobachtung eines Koitus zwischen

Tieren gehandelt haben, ist es nicht das Erlebnis an sich, dem psychische Wirklichkeit und damit Wirksamkeit zukommt, sondern die dem Erlebnis *nachträglich* verliehene Bedeutung: Der Ursprung ist nicht an sich, sondern Re-Konstruktion. Die Erinnerung ist demnach auch nicht ein wiedergefundener *Eindruck* (im wörtlichen Sinne), sondern die *Niederschrift* einer *Geschichte*. Insofern liegt es nahe, daß Freud für die Darstellung des psychischen Systems den „Wunderblock" wählt, jene mit einer durchsichtigen Folie überzogene Wachstafel, auf der man beliebig oft schreiben kann, weil das Abziehen der Folie von der Wachsunterlage die Schrift wieder löscht. Zwar hinterläßt der Schreibgriffel auf der Wachsmatrize (Dauer-)Spuren von Eindrücken, doch enthalten diese nicht an sich Informationen, sondern nur insoweit sie Symbolisierungen sind, Zeichen einer Schrift.

In einem Sinne, der später noch zu explizieren sein wird, rückt die Erkenntnis der Psychoanalyse – die Entschlüsselung der (um es paradox zu sagen) historischen materiellen Wahrheit des Urvatermordes – in die Nähe der religiösen Wahrheit, weil die Enträtselung der Genese der Religion unter ihrer materiellen Schale selbst wiederum noch einen aufzudeckenden Kern historischer Wahrheit enthält, eine Wahrheit, die allerdings nicht mehr die Religion, sondern die Psychoanalyse betrifft. Zunächst können wir jedoch so formulieren: Was Freud als eine individualpsychisch bedeutsame, quasibiologisch wirksame, materielle Niederschrift eines menschheitshistorischen Verhältnisses konstruiert – diese eigenartige Traditionsbildung –, ist vielleicht nichts anderes als eine besondere, in den großen Maßstab der Menschheitsgeschichte eingetragene Form der uns sonst doch so vertrauten Übertragung. Vielleicht verstehen wir aber unter diesem neuen Aspekt besser die dunkle Seite des Übertragens, den drohenden tödlichen Aspekt der Übertragung: den Mord am (im übrigen schon selbst durch eine Übertragung konstituierten) Ursprungsobjekt. Diese Übertragung trägt den dämonischen Zug einer Wiederholung, die ins Bewußtsein gehoben werden soll, um ihre Macht dadurch vielleicht zu bannen: eine Geschichte, die nur eine andere werden kann, indem man sie *deutend* wiederholt.

„... unser Unbewußtes ist gegen die Vorstellung des eigenen Todes ebenso unzugänglich, gegen den Fremden ebenso mordlustig, gegen die geliebte Person ebenso zwiespältig (ambivalent) wie der Mensch der Urzeit. Wie weit haben wir uns aber in der konventionell-kulturellen Einstellung gegen den Tod von diesem Urzustande entfernt.... Wäre es nicht besser, dem Tode den Platz in der Wirklichkeit und in unseren Gedanken einzuräumen, der ihm gebührt, und unsere unbewußte Einstellung zum Tode, die wir bisher so sorgfältig unterdrückt haben, ein wenig mehr hervorzukehren? Es scheint das keine Höherleistung zu sein, eher ein Rückschritt in manchen Stücken, eine Regression, aber es hat den Vorteil, der Wahrhaftigkeit mehr Rechnung zu tragen und uns das Leben wieder erträglich zu machen", schreibt Freud in „Zeitgemäßes über Krieg und Tod" (GW X, S. 354).

Bereits in der „Traumdeutung" begegnen wir dem Gedanken an ein kollektives archaisches Erbe, das in allem Psychischen immer wieder als gegenwärtig zu erscheinen vermag: „Das Denken ist doch nichts anderes als der Ersatz des halluzinatorischen Wunsches, und wenn der Traum eine Wunscherfüllung ist, so wird das eben selbstverständlich, da nichts anderes als ein Wunsch unseren seelischen Apparat zur Arbeit anzutreiben vermag. Der Traum, der seine Wünsche auf kurzem regredienten Wege erfüllt, hat uns hiermit nur eine Probe der *primären,* als unzweckmäßig verlassenen Arbeitsweise des psychischen Apparats aufbewahrt. In das Nachtleben scheint verbannt, was einst im Wachen herrschte, als das psychische Leben noch jung und untüchtig war, etwa wie wir in der Kinderstube die abgelegten primitiven Waffen der erwachsenen Menschheit, Pfeil und Bogen wiederfinden. ...

Die unbewußten Wunschregungen streben offenbar auch bei Tag sich geltend zu machen, und die Tatsache der Übertragung sowie die Psychosen belehren uns, daß sie auf dem Wege durch das System des Vorbewußten zum Bewußtsein und zur Beherrschung der Motilität durchdringen möchten" (GW II/III, S. 572 f.).

Hier meint bei Freud der Begriff der Übertragung das Übergreifen der Besetzungen vom System *Ubw* ins System *Vbw* bzw. *Bw* – ein zunächst nur innerhalb der Topik des psychischen Apparats vorgestellter Übergriff, den Freud später durch einen Begriff der Übertragung als einen Übergriff in der zeitlichen, der historischen Dimension explizieren wird, eine Deutung, die naheliegt, wenn das Unbewußte unbewußt gewordene Geschichte ist.

Gerade da, wo Freud den Mythos zu erklären sucht, spinnt er ihn fort um eine neue Erzählung des Mythos: Er erweitert den Mythos von der Geschichte der Menschheit und des Gesellschaftsvertrages um seine eigene, psychoanalytische Geschichte. „Freuds Spekulationen mögen wissenschaftlich oder philosophisch sein oder nicht – was allein zählt, ist ihre interpretatorische Reichweite. Mythologie ist zugleich Interpretation, aber nur solche Interpretation wird Mythologie, die fruchtbar bleibt. ... Die Psychoanalyse als spekulatives System ist selbst eher eine Interpretation als eine Interpretationsmethode“ (H. Bloom, *Grenzbegriffe. Interpretation und jüdisches Erbe bei Freud,* in: Psyche 7/86, S. 600 u. 601).

In „Massenpsychologie und Ich-Analyse“ wendet sich Freud – mit Rekurs auf seine Theorie von der Urhorde – erneut dem Phänomen der Hypnose zu, von dem aus er am Beginn seiner Wissenschaft seine ersten Erkenntnisse über das Unbewußte formulierte. 1921, ein gutes Vierteljahrhundert nach seinen hypnotischen Experimenten also, schreibt Freud (GW XIII, S. 139 f.): „Aber wir erwarten noch mehr von der Zurückführung der Masse auf die Urhorde. Sie soll uns auch noch das Unverstandene, Geheimnisvolle an der Massenbildung näherbringen, das sich hinter den Rätselworten Hypnose und Suggestion verbirgt. ... Erinnern wir uns daran, daß die Hypnose etwas direkt Unheimliches an sich hat; der Charakter des Unheimlichen deutet aber auf etwas der Verdrängung verfallenes Altes und Wohlvertrautes hin. Denken wir daran, wie die Hypnose eingeleitet wird. Der Hypnotiseur behauptet im Besitz einer geheimnisvollen Macht zu sein, die dem Subjekt den eigenen Willen raubt, oder, was dasselbe ist, das Subjekt glaubt es von ihm. Diese geheimnisvolle Macht ... muß dieselbe sein, welche den Primitiven als Quelle des Tabu gilt, dieselbe die von Königen und Häuptlingen ausgeht ... Im Besitz dieser Macht will nun der Hypnotiseur sein, und wie bringt er sie zur Erscheinung? Indem er die Person auffordert, ihm in die Augen zu sehen; er hypnotisiert in typischer Weise durch seinen Blick.“ Und dann, einige Abschnitte später: „Der Urvater ist das Massenideal, das an Stelle des Ichideals das Ich beherrscht. Die Hypnose hat ein gutes Anrecht auf die Bezeichnung: eine Masse zu zweit ...“ (S. 142).

Freud versucht, den Gesellschaftsvertrag der Menschen theoretisch auf deren – individuelles wie kollektives – Ödipusschicksal zu gründen, im Triangulären also; gerade darum aber läßt einen die Definition der Hypnose als einer „Masse zu zweit“ aufmerksam werden: In der Masse haben wir offenbar einen Grenzbegriff des Sozialen vor uns, eine kollektive Dualität, die nicht auf dem Ausschluß des Dritten, sondern auf der Identifikation beruht. Damit wird vor allem der narzißtische Aspekt der Sozialität des Menschen akzentuiert, der in der letztlich narzißtischen Identifikation mit dem absoluten Narzißmus des Massenführers gründet. „Noch heute bedürfen die Massenindividuen der Vorspiegelung, daß sie in gleicher und gerechter Weise vom Führer geliebt werden, aber der Führer selbst braucht niemand anderen zu lieben, er darf von Herrennatur sein, absolut narzißtisch, aber selbstsicher und selbständig“ (GW XIII, S. 138). Man könnte auch sagen: Das Phänomen der Masse repräsentiert etwas wie das kollektive Spiegelstadium des Menschen, das Massenideal jenen Spiegel, in dem das Massensubjekt sich jubilierend (v)erkennt.

Der Hypnotiseur verlangt vom Subjekt, daß es sich in seinen Blick vertiefe, und gewinnt so Macht über dieses Subjekt. Man könnte auch sagen: Der Hypnotiseur verwandelt ein Objekt in ein Sub-jekt, ein der Macht seines Blicks unterworfenes Subjekt. Oder noch genauer gesagt: Es braucht einen anderen, für den das Individuum zum Objekt werden kann, damit dieses erst Subjekt wird; es ist die Objektivierung durch den und im anderen, die das Subjekt konstituiert. Vom Blick des Hypnotiseurs – jenem Blick, den die psychoanalytische Kur systematisch verweigert – geht eine mächtige Faszination aus, der an die Faszination erinnert, die Narziß auf tödliche Weise durch sein Spiegelbild erfährt, und an die Faszination, die Lacan schildert, wenn er den Jubel des Kindes vor dem Spiegel beschreibt. Ich sagte, die Psychoanalyse verweigere systematisch den Blick, in dem der Analysand sich spiegeln könne. Aber hat Freud nicht andererseits die Rolle des Analytikers in der berühmt-berüchtigt gewordenen Metapher als die eines Spiegels bestimmt? Wir befinden uns hier auf der Spur einer elementaren narzißtischen Beziehung zu dem, was wir als Realität und Gesellschaft zu bezeichnen pflegen. „Der Gegensatz zwischen sozialen und narzißtischen ... seelischen Akten fällt also durchaus innerhalb des Bereichs der Individualpsychologie und eignet sich nicht dazu, sie von einer Sozial- oder Massenpsychologie abzutrennen“ (GW XIII, S 73 f.). Wir können daraus den Umkehrschluß ziehen, daß dieser Gegensatz auch in die Sozialpsychologie fällt und somit eigentlich keinen unauflöslichen Gegensatz bezeichnet. Eine Spur zum narzißtischen Aspekt der Massenbildung führt über die Identifikation, der Freud das 7. Kapitel seiner Schrift über die Massenpsychologie gewidmet hat. „Die Identifizierung ist der Psychoanalyse als früheste Äußerung einer Gefühlsbindung an eine andere Person bekannt. Sie spielt in der Vorgeschichte des Ödipuskomplexes eine Rolle. Der kleine Knabe ... nimmt den Vater zu seinem Ideal“ (GW XIII, S. 115). Die identifikatorische Teilhabe der einzelnen Massen-Ichs an einem gemeinsamen Ideal nun ist es, die Freud zufolge das libidinöse Band ausmacht, das die Masse zusammenhält. Halten wir uns vor Augen, daß es das Wesen der narzißtischen Libidobesetzung ausmacht, das Ich wie ein Objekt zu behandeln. Lacans Ausführungen über die Funktion des Spiegelstadiums zeigen am anschaulichsten, wie die

Subjektwerdung als Identifikation mit dem anderen in Gestalt des eigenen Bildes sich vollzieht. Das Spiegelstadium ließe sich in diesem Sinne als Selbstobjektivation beschreiben. Es scheint, daß dies ein Gesichtspunkt ist, der uns zum Beispiel auch verständlich werden läßt, warum Körpermetaphern sich uns für die Beschreibung von Gesellschaftlichem, aller Ideologiekritik zum Trotz, immer wieder mit naturwüchsiger Gewalt aufdrängen und das Gesellschaftliche somit als ein Korpus erscheint, in dem das Individuum die Rätsel seiner Subjektivität sich spiegelnd entziffern möchte. In einer Diskussionsbemerkung zu einem Referat von Freud über Möbius' Buch „Die Hoffnungslosigkeit aller Psychologie" in der Mittwoch-Gesellschaft stellt Deutsch die Frage, ob „man den Anthropomorphismus, diese stete Fehlerquelle, nicht durch neue Begriffsbestimmungen korrigieren könnte" (*Protokolle der Wiener Psychoanalytischen Vereinigung I*, Ffm. 1976, S. 125). (Man hat übrigens den Eindruck, als ob die englische Übersetzung Freuds in der Standard Edition einer solchen Forderung nach Deanthropomorphisierung und Entmetaphorisierung gefolgt wäre.) Auf diesen Einwand erwidert Freud: „Deutschs Frage betreffend den Anthropomorphismus sei dahin zu beantworten, daß es gar nicht notwendig sei herauszukommen: unser Verständnis reiche so weit wie unser Anthropomorphismus" (S. 129).

In diesem Jenseits ödipal-triangulärer Gesellschaftstheorie, das im Bild des Hypnotiseurs und des Hypnotisierten als Vorbild der Massenbildung begriffen ist, ist zudem auch ein epistemologischer Standort angesiedelt, von dem aus Freud sein Wissen zu gewinnen und zu konturieren versucht. (Zur Erläuterung dieser Auffassung: Die Differenz, die das Subjekt zugleich konstituiert und spaltet – jenes Subjekt, das mit der Identifikation mit dem Bild des Spiegels bzw. des anderen sich eine Einheit anmaßt, die es noch nicht hat –, diese Differenz wäre ein strukturelles Drittes, für das im Ödipus schließlich der Vater einzustehen hat.) Freuds Hinwendung zum anderen Wissen ist eine Konstruktion eines Wissens, das sich – wie das Subjekt angesichts des Hypnotiseurs – verführen läßt von der Spiegelung durch ein anderes, aber zugleich diese Spiegelung immer wieder selbst reflektiert. Auf dem Hintergrund einer solchen Überlegung wird ein Vorwurf wie der Habermas' vom in Freuds Biologismus (Energetismus, Chemismus) angelegten „szientistischen Selbstmißverständnis" offensichtlich gegenstandslos. Die *Übertragungs*beziehung Freuds zu Fließ etwa ist unter diesem Gesichtswinkel gleichsam die exemplarisch mit einer anderen Person inszenierte Form des Verhältnisses zwischen psychoanalytischem und anderen Wissen. Freuds Rekurs auf die Neurophysiologie, auf die Dichtung, auf die Menschheitsgeschichte, auf die Genealogie des Judentums – was immer man nennen will –: all das scheint die Funktion einer Selbstreflexion des psychoanalytischen Wissens zu haben, und zwar durchaus zunächst im Sinne einer Spiegelung. Hier liegt das Spiegelstadium des psychoanalytischen Wissens, durch das es sich erst konstituiert. Im Prozeß der Spiegelung liegt zwar der einer imaginären Identitätsbildung inbegriffen, doch ist diese keine Selbstauflösung in Identität, im Gegenteil: allein die Tatsache der Spiegelverkehrtheit des Spiegelbildes (die ja keine physikalische, sondern bereits eine psychologische ist: Das Subjekt setzt sich an die Stelle seines Bildes und von diesem Blickpunkt aus ist die Abbildung symmetrisch verkehrt) und seiner Zweidimensionalität begründen einen grundlegenden Unterschied. Und dieser Unterschied ist es, der das Dritte bereits im Spiegelungsverhältnis repräsentiert, die entscheidende Differenz, die sowohl über das Spiegelbild (das andere Wissen) als auch über die Unmittelbarkeit des Subjekts (des psychoanalytischen Wissens) hinausweist. Es ist Selbsterkenntnis am Erkennen des anderen, Selbsterkenntnis durch Entfremdung, Aneignung durch Enteignung, Erkenntnis der Andersheit des Selbst. Entlang der Linien solcher Differenzen bewegt sich das psychoanalytische Denken, das gerade wegen dieser fundamentalen Bedeutung der Differenz sich nicht auf ein anderes Wissen legitimatorisch berufen kann. Wollte man das tun, wäre das analytische Denken dem Tod verfallen, so wie es Narziß war, als er sich in sein Spiegelbild verliebte. Zu Unrecht wird darum auch Freuds besessene Auseinandersetzung mit dem Ägypter Moses als Ausdruck seiner Identifikation mit dem jüdischen Religionsstifter gedeutet. Freuds Auseinandersetzung mit der Herkunft, d. h. der nationalen Identität Moses' bezieht sich im Gegenteil gerade auf das Moment des Nicht-Identischen in der Identitätsstiftung: Moses war kein Jude, sondern Ägypter – das heißt: Jede Identität kann sich nur als Verhältnis zum Nicht-Identischen gründen, und jeder Versuch, diese Einsicht nicht zu reflektieren, kann nur katastrophale Folgen haben. In seiner Beschäftigung mit Moses und seiner Deutung des Judentums reflektiert Freud damit zugleich die Zukunft der Psychoanalyse – ein Thema, das noch zu behandeln sein wird.

„Vor allem aber, ich bin nicht Ethnologe, sondern Psychoanalytiker. Ich hatte das Recht, aus der ethnologischen Literatur herauszugreifen, was ich für die analytische Arbeit brauchen konnte. Die Arbeiten des genialen Robertson Smith haben mir wertvolle Berührungen mit dem psychologischen Material der Analyse, Anknüpfungen für dessen Verwertung gegeben. Mit seinen Gegnern bin ich nie zusammengetroffen" (GW XVI, S. 240). Das ist nur eine von einigen Stellen, an denen Freud in völliger Unbefangenheit die Wissenschaftlichkeit seines Vorgehens bedenkenlos gegenüber seinen Beweisinteressen hintanstellt: Diese scheinbare Willkür, mit der Freud sich auf Ethnologie, Biologie, die Bibel, Geschichte, Physiologie usw. bezieht, reflektiert einerseits die Notwendigkeit, ein anderes Wissen zu finden, an dem die Psychoanalyse sich erkennen kann, andererseits hält sie die Einsicht in den metaphorisierenden Bildcharakter, den dieses andere Wissen für die Psychoanalyse hat, bewußt.

Mit Rückgriff auf einen Gedanken Elisabeth Lenks, den diese ausgerechnet in ihrer vernichtenden Kritik an der psychoanalytischen Anmaßung des Deutens entwickelt hat, könnte man auch sagen: In all dem anderen Wissen, auf das die Psychoanalyse sich bezieht – sei es die Neurophysiologie, sei es die Philosophie Schopenhauers oder Nietzsches, die Freud (gleichsam nebenbei) als empirische Wissenschaft zu begründen sucht, wo sie ihn überzeugt – gewinnt sie Traumbilder ihrer selbst, in denen sie, sie deutend, sich selbst entschlüsselt. Elisabeth Lenk (Die unbewußte Gesellschaft, München 1983, S. 185 f.) schreibt:

„Für den Körper existiert nichts, was er nicht auf sich übertragen, an sich abbilden kann. Sinne und Leidenschaften verstehen nichts als Bilder. Umgekehrt überträgt der Körper seine Verhältnisse auf die Außenwelt. Er kann sich immer nur im Anderen wahrnehmen. Insofern ist Wahrnehmen von Anfang an metaphorisch und sozial zugleich. … Das zwischen Innen und Außen vermittelnde ist die Sprache. Die ethisch strukturierte Gesellschaft stellt die Sprache still, will sie auf ‚gemeinsame', ‚allgemeine', immer gleiche Bedeutungen reduzieren. Im Traum ist die Sprache im Augenblick der Entstehung zu beobachten. Die Sprache ist ihrem Ursprung nach metaphorisch. … Der Körper gebiert Metaphern. Er muß also alle Weltteile in Analogie zu seinen Teilen begreifen und umgekehrt. Es findet eine dauernde Übersetzungsarbeit in zwei Richtungen statt. Und da er nichts Totes ist, kann auch die Objektwelt für ihn nichts Totes sein. … Alles Neue, alles produktive Denken wird aus den wilden Phantasmagorien des körperlichen Daseins geboren."

Das alles gilt für den Korpus der Psychoanalyse und dessen Träume nicht weniger.

III. Die (V)Erdichtung der Wahrheit

„Das Spielen des Kindes“, schreibt Freud in seiner Schrift über den „Dichter und das Phantasieren“, in der er die Kunst des Dichters vom Spiel und der allgemeinen Tätigkeit der Phantasie ableitet, „wurde von Wünschen diktiert, eigentlich von dem einen Wunsche, der das Kind erziehen hilft, vom Wunsche: groß und erwachsen zu sein. ... Es hat nun keinen Grund, diesen Wunsch zu verbergen. Anders der Erwachsene; dieser weiß einerseits, daß man von ihm erwartet, nicht mehr zu spielen oder zu phantasieren, sondern in der wirklichen Welt zu handeln, und anderseits sind unter den seine Phantasien erzeugenden Wünschen manche, die es überhaupt zu verbergen nottut; darum schämt er sich seines Phantasierens als kindisch und unerlaubt“ (GW VII, S. 216).

Vielleicht berührt es deshalb Freud eigentümlich, „daß die Krankengeschichten, die ich schreibe, wie Novellen zu lesen sind und daß sie sozusagen des ernsten Gepräges der Wissenschaftlichkeit entbehren“ (GW I, S. 227). Die Novelle ist, ihrer klassischen Definition zufolge, die Erzählung einer unerhörten Begebenheit. Nehmen wir die Genredefinition wörtlich: In seiner novellistischen Darstellung bringt Freud das bislang Unerhörte zur Sprache: den unbewußten Wunsch. Indem er sich, wenngleich wider Willen, als Novellist bekennt, so tut er zugleich noch etwas anderes: Er anerkennt die Getriebenheit von Wünschen als Motiv seiner Erkenntnis. „Der Dichter“, so hatte Freud erkannt, „tut nun dasselbe wie das spielende Kind; er erschafft eine Phantasiewelt, die er sehr ernst nimmt, d. h. mit großen Affektbeträgen ausstattet, während er sie von der Wirklichkeit scharf sondert“ (GW VII, S. 214). Freuds Wissenschaft – als novellistische Kunst betrachtet – sondert indessen ihre Schöpfungen nicht scharf von der Wirklichkeit, sondern behauptet im Gegenteil, verborgene, unerhörte Wirklichkeit erst hörbar gemacht zu haben. Die Behauptung des novellistischen Charakters der Psychoanalyse reflektiert deren Status als geschichtenschreibende Geschichtsschreibung. Was die Psychoanalyse auszeichnet, ist allerdings nicht die Vermittlung einer geschichtlichen Wahrheit im Sinne eines „Wie es wirklich war“, sondern, wie es Gernot Böhme ausgedrückt hat, „die Dekonstruktion von Geschichten“ (*Sinn und Gegensinn,* in: Psyche 7/90, S. 577 ff.): „Die Analogie zu Freuds Traumtheorie läßt uns ferner nach dem Gegensinn von Geschichte fragen. Die Unterstellung eines Gegensinns ist gleich der Vermutung, daß die Geschichte von etwas anderem handelt als dem, was sie selbst darstellt bzw. was die Historiker als ihr Thema angeben" (S. 588 f.). Der psychoanalytische Zugang zur Geschichte, diese durch Erzählungen der darin enthaltenen Gegensinngeschichten zu dekonstruieren, ist dabei umfassend: Es macht für ihn keinen Unterschied, ob die Geschichten, um die es geht, Alltagsgeschichten oder wissenschaftliche Erzählungen, Biographien oder Historiographien sind. Die Wahrheit der Psychoanalyse liegt darin, Wahrheiten, die durch Ausschlußverhältnisse generiert sind, aufzulösen zugunsten der Erkenntnis, und das heißt auch der Anerkennung, der unauflöslichen Beziehung von Sinn und Gegensinn.

Der unter naturwissenschaftlichen Prämissen (d. h. unter der Annahme einer eindeutigen Beziehung von Ursache und Wirkung) in sich widersprüchliche psychoanalytische Begriff der Überdeterminierung verweist in unreflektierter Weise auf das geschichtszersetzende, eben analytische Vorgehen der Psychoanalyse. Es sind nicht mehrere verschiedene Ursachen, die den manifesten Sinn eines Traumes hervorbringen, sondern die Traumerzählung ist der hörbare Ausdruck von etwas Unerhörtem, das seinen Ausdruck wiederum in unzähligen neuen Geschichten, Deutungen also, finden kann. Das „Falsche" des manifesten Sinns ist demnach auch nicht in der Tatsache begründet, daß er durch *einen* anderen „wahren", authentischen Text ersetzt werden kann, sondern darin, daß er die Heterogenität des Gegensinns leugnet. Die Psychoanalyse erweitert den Sinn um den Gegensinn nicht einfach nur, wie eine neue Erzählung eines Mythos diesen Mythos um eine Variante bereichert, sondern sie erweitert den Sinn um andere Erzählungen des ausgeschlossenen Gegensinns, notabene gegen einen Widerstand, der nicht zuletzt im Zwang eines lückenlosen, homogenen Sinns liegt. Die Wahrheit der Psychoanalyse liegt in einer Haltung, die anerkennt, daß der Sinn dem Un-Sinn aufsitzt wie das Bewußte dem Unbewußten, und zwar „aufsitzt" im doppelten Sinne des Wortes: wie der Reiter dem Pferd, aber auch wie der Betrogene dem Betrüger. Doch sind die Verhältnisse auch umkehrbar, sind also auch homogener Sinn und Bewußtsein ihrerseits Betrüger, insofern sie die Existenz (oder wenigstens die Legitimität) des von ihnen Ausgeschlossenen negieren.

Das technische Verfahren der Traumdeutung trägt der zu entschlüsselnden Uneinheitlichkeit des Sinns dadurch Rechnung, daß es entgegen der homogenisierend sinnstiftenden Traumarbeit auf der Zerlegung des Traums in seine Einzelteile besteht: „Der erste Schritt bei der Anwendung dieses Verfahrens lehrt nun, daß man nicht den Traum als Ganzes, sondern nur die einzelnen Teilstücke seines Inhalts zum Objekt der Aufmerksamkeit machen darf. Frage ich den noch nicht eingeübten Patienten: Was fällt Ihnen zu diesem Traum ein?, so weiß er in der Regel nichts in seinem geistigen Blickfelde zu erfassen. Ich muß ihm den Traum zerstückt vorlegen, dann liefert er mir zu jedem Stück eine Reihe von Einfällen, die man als die ‚Hintergedanken' dieser Traumpartie bezeichnen kann." Die von ihm ausgeübte Methode der Traumdeutung, so fährt Freud fort, sei damit „eine Deutung *en detail*, nicht *en masse*", sie fasse also „den Traum von vornherein als etwas Zusammengesetztes, als ein Konglomerat von psychischen Bildungen auf" (GW II/III, S. 108). Wie die Sexualität in Partialtriebe zerfällt und ihrem Wesen nach polymorph (pervers) ist, so zielt auch die von den Brüchen des Sinns ausgehende Konstruktion des Gegensinns auf die Erkenntnis des partialen und polymorphen Charakters jedes Sinns. (Die Psychoanalytiker täuschen sich dort hinsichtlich des Wesens des latenten Sinns, wo sie ihn gleichsam als eine Art zutreffenderen Ersatztext für den manifesten Traumgehalt mißverstehen.)

Sein Hang zur Novellistik ist Freud unzweifelhaft nicht recht geheuer; sein Verhältnis zur Dichtung ist ein durchaus zwiespältiges.

„Wertvolle Bundesgenossen sind aber die Dichter, und ihr Zeugnis ist hoch anzuschlagen, denn sie pflegen eine Menge von Dingen zwischen Himmel und Erde zu wissen, von denen sich unsere Schulweisheit noch nichts träumen läßt" (GW VII, S. 33). Einerseits weiß Freud die Dichter nicht genug zu rühmen: als diejenigen, die intuitiv „erflogen" haben, was die Psychoanalyse durch mühsame Detailforschung erst „erhinken" mußte. Den Dichterfürsten Goethe zieht er als Verbündeten auf seine Seite: „Ich denke, Goethe hätte nicht, wie so viele unserer Zeitgenossen, die Psychoanalyse unfreundlichen Sinnes abgelehnt. Er war ihr selbst in manchen Stücken nahegekommen, hatte in eigener Einsicht vieles erkannt, was wir seither bestätigen konnten, und manche Auffassungen, die uns Kritik und Spott eingetragen haben, werden von ihm wie selbstverständlich vertreten" (GW XIV, S. 547). Andererseits aber wirft er die literarische Illusion in einen Topf mit der Religion, entschuldigt freilich jene im Vergleich mit der religiösen Illusion als mild, harmlos und unschädlich. Arthur Schnitzler teilt er brieflich seine neidvolle Bewunderung mit: „Ich habe mich oft verwundert gefragt, woher sie diese oder jene geheime Kenntnis nehmen konnten, die ich mir durch mühselige Erforschung des Objektes erworben, und endlich kam ich dazu, den Dichter zu beneiden, den ich sonst bewundert“ (*Briefe,* S. 266 f.). Seine Scheu vor einer Begegnung mit dem von ihm so hochgeschätzten Schriftsteller erklärt er als eine Art von Furcht vor dem Doppelgänger. Und er gesteht weiter: „Ja ich glaube, im Grunde ihres Wesens sind sie ein psychologischer Tiefenforscher, so ehrlich unparteiisch und unerschrocken wie nur je einer war, und wenn sie das nicht wären, hätten Ihre künstlerischen Fähigkeiten, Ihre Sprachkunst und Gestaltungskraft freies Spiel gehabt und Sie zu einem Dichter weit mehr nach dem Wunsch der Menge gemacht. Mir liegt es nahe, dem Forscher den Vorzug zu geben. Aber verzeihen Sie, daß ich in die Analyse geraten bin, ich kann eben nichts anderes“ (*Briefe,* S. 357 f.). Ein etwas seltsames, unter einer Art Geständniszwang zustande gekommenes Kompliment, in dem das zuvor zitierte Diktum Freuds eine Neuauflage erhält, daß seine Krankengeschichten sich eigentlich wie Novellen läsen (wofür Freud vorsichtshalber die Verantwortung auf das darzustellende Material abwälzt).

Freuds Analyse seiner Distanz zum Dichter Schnitzler als einer Doppelgängerscheu verweist auf die Analyse des formalen und inhaltlichen Repertoires des Unheimlichen, die er drei Jahre vor seinem zweiten Brief an Schnitzler unternommen hat:

„Die Vorstellung des Doppelgängers braucht nicht mit diesem uranfänglichen Narzißmus unterzugehen; denn sie kann aus den späteren Entwicklungsstufen des Ichs neuen Inhalt gewinnen. Im Ich bildet sich langsam eine besondere Instanz heraus, welche sich dem übrigen Ich entgegenstellen kann, die der Selbstbeobachtung und Selbstkritik dient, die Arbeit der psychischen Zensur leistet und unserem Bewußtsein als ‚Gewissen‘ bekannt wird. Im pathologischen Falle des Beobachtungswahnes wird sie isoliert, vom Ich abgespalten, dem Arzte bemerkbar. Die Tatsache, daß eine solche Instanz vorhanden ist, welche das übrige Ich wie ein Objekt behandeln kann, also daß der Mensch der Selbstbeobachtung fähig ist, macht es möglich, die alte Doppelgängervorstellung mit neuem Inhalt zu erfüllen und ihr mancherlei zuzuweisen, vor allem all das, was der Selbstkritik als zugehörig zum alten überwundenen Narzißmus der Urzeit erscheint“ (GW XII, S. 248). Hier fügt Freud noch eine Fußnote an: „Ich glaube, wenn die Dichter klagen, daß zwei Seelen in des Menschen Brust wohnen, und wenn die Populärpsychologen von der Spaltung des Ichs im Menschen reden, so schwebt ihnen diese Entzweiung, der Ich-Psychologie angehörig, zwischen der kritischen Instanz und dem Ich-Rest vor und nicht die von der Psychoanalyse aufgedeckte Gegensätzlichkeit zwischen dem Ich und dem unbewußten Verdrängten. Der Unterschied wird allerdings dadurch verwischt, daß sich unter dem von der Ich-Kritik Verworfenen zunächst die Abkömmlinge des Verdrängten befinden." Der Dichter als Doppelgänger des Psychoanalytikers scheint eine Vorstellung zu sein, die den im Über-Ich repräsentierten Idealen wissenschaftlicher Objektivität widerspricht, zugleich aber auch Selbstbestätigung verspricht.

Wenig später beschließt Freud die Analyse der Unheimlichkeit des Doppelgängermotivs mit der Bemerkung, „daß der Doppelgänger eine den überwundenen seelischen Urzeiten angehörige Bildung ist, die damals allerdings einen freundlicheren Sinn hatte. Der Doppelgänger ist zum Schreckbild geworden, wie die Götter nach dem Sturz ihrer Religion zu Dämonen werden" (GW XII, S. 248).

Ich schlage vor, diese Analyse des Doppelgängertums und Freuds Selbstdeutung der Doppelgängerscheu gegenüber dem Dichter in Hinblick auf das Unheimliche der Psychoanalyse selbst, das Freud zu beschäftigen scheint, zu deuten, oder, anders gesagt, als unerkannte Reflexion des spezifischen Erkenntnisstatus der Psychoanalyse, der ihren intendierten streng wissenschaftlichen Charakter zu unterminieren droht, weil in ihm wiederkehrt, was überwunden geglaubt wird, und das darum als unheimliche Nachtseite der Psychoanalyse beunruhigt, „denn dies Unheimliche ist wirklich nichts Neues oder Fremdes, sondern etwas dem Seelenleben von alters her Vertrautes, das ihm nur durch den Prozeß der Verdrängung entfremdet worden ist" (GW XII, S. 254). „Das Unheimliche des Erlebens kommt zustande, wenn *verdrängte* infantile Komplexe durch einen Eindruck wiederbelebt werden, oder wenn *überwundene* primitive Überzeugungen wieder bestätigt scheinen" (GW XII, S. 263). Indem Freud den Dichter zum Forscher schlägt, sucht er seine Irritation über den literarischen Doppelgänger des Psychoanalytikers zu beschwichtigen.

In seinem Dialog „Ion" inszeniert Platon eine Diskussion zwischen dem Rhapsoden Ion (dem berühmten Interpreten der Dichtung Homers) und Sokrates.

Sokrates weist dem Rhapsoden nach, daß dessen Fähigkeit, Homer zu interpretieren, weder auf Kunst *(techne)* noch auf Wissen(schaft) *(episteme)* beruhen kann: Denn wäre sie Kunst (deren Gegenstand die Dichtung als Ganze wäre), müßte doch Ion über die anderen Dichter ebenso kompetent sprechen können wie über Homer, und wäre sie Wissenschaft, so müßte Ion doch Arzt, Heerführer usw. sein, um zu erkennen, daß Homer über Heilkunde, Strategie usw. das Wahre sagte.

Der Rhapsode, so zeigt Sokrates Ion auf, ist der *Vermittler* des Dichters, derjenige, der die dichterische Ergriffenheit als Mitergriffener zu vermitteln versteht: „... ein leichtes Wesen ist der Dichter und geflügelt und heilig, und nicht eher vermögend zu dichten, bis er begeistert worden ist und bewußtlos und die Vernunft nicht mehr in ihm wohnt. Denn solange er diesen Besitz noch festhält, ist jeder Mensch unfähig, zu dichten oder Orakel zu sprechen“ (534b). Die Dichter also sind „Sprecher der Götter, besessen jeder von dem, der ihn eben besitzt“ (534e).

Die göttliche Wahrheit als Quelle der Dichtung ist bei Platon implizit bereits als krankheitsverdächtige Besessenheit desavouiert: „Offensichtlich möchte Platon als Wahrheit einzig anerkennen, was die autonome Vernunft aus sich selbst ... gewinnt. Dagegen entstammen jene zweifelhaften Wahrheiten, die Dichter und Weissager verbreiten, einer kulturellen Überlieferung, die Platon weder bestätigen noch brüskieren will. Zweierlei Wahrheit kann es jedoch nicht geben. Durch seine Herleitung der Poesie aus dem göttlich inspirierten, aber dennoch nicht wahrheitsfähigen Enthusiasmus hat Platon eine schwierige Situation geschaffen, deren Lösung die Nachwelt übernahm“ (Heinz Schlaffer, *Poesie und Wissen,* Ffm.1990, S. 22). Der antike Traumdeuter Artemidoros, dessen Verfahren Freud in seiner „Traumdeutung“ ausführlich darstellt und auf den er sich durchaus wohlwollend bezieht, ist bereits der Vertreter einer Epoche, in der der Deuter der Träume sich einer Kunst (*techne*) bedient und nicht mehr gleichermaßen aus denselben göttlichen Quellen schöpft wie der Träumer. Die Traumdeutung ist damit bereits im Begriff, Wissenschaft zu werden, sie ist nicht länger göttlich inspiriertes Orakel wie der Traum selbst.

Auch Freud sieht sich vor dieses Problem einer Erkenntnis gestellt, das im Auseinanderbrechen der mythischen Einheit von Religion, Dichtung und Wissen entstanden ist. Für ihn stellt sich das Problem in erneuerter Schärfe, bricht der Widerspruch zwischen enthusiastischem Wahn und methodischem Wissen erneut in besonderer Deutlichkeit auf, denn Freud untergräbt das vermeintlich so unangreifbare Fundament autonomer Vernunft, auf dem diese Trennung beruht. Die Geister, die durch die Ziehung undurchlässiger Grenzen zwischen Wahn, Vernunft, Poesie, Religion und den sich mehr und mehr gegeneinander verschließenden Disziplinen des Wissens gebannt zu sein schienen, weckt Freud erneut auf, und zwar durch den Anspruch einer besonderen Universalität seiner psychoanalytischen Erkenntnis, seiner Wissenschaft vom Unbewußten als universeller Vernunftkritik.

So wie Freud die Sexualität neu bestimmt, so bestimmt er auch das, was Wissen und Wahrheit heißen kann, neu und gerät immer wieder in verstörenden Gegensatz zu den eigenen Voraussetzungen, denn immer wieder droht die strenge Methode des wissenschaftlichen Erkennens mit ihrem Gegenstand, droht das Wissen mit dem Wahn zusammenzufallen: In seiner Analyse des Falles Schreber bemerkt Freud zum Schluß, daß offenbar eine Ähnlichkeit zwischen dem Schreberschen Wahnsystem und seiner Libidotheorie bestehe: „Die durch Verdichtung von Sonnenstrahlen, Nervenfasern und Samenfäden komponierten ‚Gottesstrahlen' Schrebers sind eigentlich nichts anderes als die dinglich dargestellten, nach außen projizierten Libidobesetzungen und verleihen seinem Wahn eine auffälige Übereinstimmung mit unserer Theorie. ... Es bleibt der Zukunft überlassen, zu entscheiden, ob in der Theorie mehr Wahn enthalten ist, als ich möchte, oder in dem Wahn mehr Wahrheit, als andere heute glaublich finden" (GW VIII, S. 315). Und auch in einer seiner letzten Schriften, „Konstruktionen in der Analyse", betont er diesen Punkt noch einmal ausdrücklich: „Die Wahnbildungen der Kranken erscheinen mir als Äquivalente der Konstruktionen, die wir in den analytischen Behandlungen aufbauen, Versuche zur Erklärung und Wiederherstellung, die unter den Bedingungen der Psychose allerdings nur dazu führen können, das Stück Realität, das man in der Gegenwart verleugnet, durch ein anderes Stück zu ersetzen, das man in früher Vorzeit gleichfalls verleugnet hatte" (GW XVI, S. 55). Der geringgeschätzte Traum, „den schon uralte Ahnung dem Wahnsinn gleichgesetzt hat" (S. 54), wird für Freud immerhin zum privilegierten Gegenstand der Entfaltung der psychoanalytischen Erkenntnis.

Wir waren vom Zusammenhang von Wunsch und Dichtung ausgegangen und sind dabei auf das Geschichte dekonstruierende und Geschichten neu erzählende Verfahren gestoßen, das die Psychoanalyse auszeichnet. Solche Deutung der Psychoanalyse liegt offensichtlich nicht auf der Hand. Peter Gay etwa, in dessen monumentalem achthundertseitigen Werk „Freud. Eine Biographie für unsere Zeit" (Frankfurt/M. 1989) das Register den Begriff des Wunsches verschwenderischerweise gleich dreimal aufführt (im Zusammenhang mit der Wunscherfüllung, die der Traum sei), wischt solche Gedanken vom Tisch, bevor sie überhaupt entstehen können: Gay bringt das Thema vom Zusammenhang von Wunsch und Wissen in einem eleganten Kurzschluß auf den dümmsten denkbaren Punkt, nämlich den, daß die „Vermengung von Autobiographie und Wissenschaft ... die Psychoanalyse von Anfang an belastet“ hat. „Was für den Studenten der Psychoanalyse von Belang sein muß, ist letzten Endes nicht, ob Freud einen Ödipuskomplex hatte (oder sich einbildete), sondern ob seine Behauptung, daß dies der Komplex ist, den jeder durchmachen muß, durch unabhängige Beobachtung oder einfallsreiche Experimente bewiesen werden kann“ (S. 106 f.).

Wenn nun die Psychoanalyse die polymorphe Vielheit des Wunsches nicht nur als Gegenstand erforscht, sondern der Wunsch als treibendes Moment ihr selber innewohnt (ein Wunsch, der die Psychoanalytiker nicht zuletzt mit den Dichtern und diese mit den Kindern verbindet)? Erinnern wir uns des Satzes aus der „Traumdeutung“: „All die komplizierte Denktätigkeit aber, welche sich vom Erinnerungsbild bis zur Herstellung der Wahrnehmungsidentität durch die Außenwelt fortspinnt, stellt doch nur einen durch die Erfahrung notwendig gewordenen *Umweg zur Wunscherfüllung* dar. Das Denken ist doch nichts anderes als der Ersatz des halluzinatorischen Wunsches, und wenn der Traum eine Wunscherfüllung ist, so wird das eben selbstverständlich, da nichts anderes als ein Wunsch unseren seelischen Apparat zur Arbeit antreiben kann“ (GW II/III, S. 572). Die Reflexion der Wünsche, die sie zur Erkenntnis treiben, ist die wissenschaftliche Leistung der Psychoanalyse. „Unlängst träumte ich von überzärtlichen Gefühlen für Mathilde, sie hieß aber Hella“, schreibt Freud am 31. Mai 1897 über einen Traum, in dem seine älteste Tochter das deutlich erkennbare Objekt seiner Begierde ist, an seinen Freund Fließ. „Mathilde könnte Hella heißen, weil sie unlängst über die Niederlagen der Griechen so bitter geweint hat. Sie begeistert sich für die Mythologie des alten Hellas und sieht in allen Hellenen natürlich Helden.“ Freud deutet diesen Traum als die Erfüllung seines Wunsches, die Ursache der Neurosen in einer inzestuösen Verführung gefunden zu haben: „Der Traum zeigt natürlich meinen Wunsch erfüllt, einen pater als Urheber der Neurose zu ertappen, und macht so meinen noch immer sich regenden Zweifeln ein Ende.“

Freuds Deutung dieses Traums frappiert: Der inzestuöse Wunsch des Vaters in bezug auf seine Tochter wird also durch die Traumarbeit im Manifesten als erfüllt dargestellt, um den latenten, unbewußten Wunsch, die Theorie von der infantilen Verführung sei zutreffend, zu befriedigen. Und das wiederum ist Freud ein Indiz dafür, daß diese seine Theorie auch tatsächlich den Zweifeln standhalten kann. Die Traumzensur läßt demzufolge die Darstellung des Vater-Tochter-Inzests als unanstößig die Schranke zum Bewußtsein passieren, getäuscht darüber, daß es dabei eigentlich um den dahinter verborgenen anstößigen Wunsch nach einer Bestätigung für eine Theorie (durch einen Traum!) geht.

Freud präsentiert die Wunscherfüllung dieses Traumes Fließ stolz als Beweis seiner gefaßten Theorie – wohlgemerkt, nicht der Theorie der Wunscherfüllung des Traumes, sondern der Theorie der inzestuösen Verführung (dessen also, was im Manifesten dargestellt ist) als der Ursache der Neurosen –, als Beweis also eben jener Theorie, die er nur ein knappes halbes Jahr später aufgeben wird: „Ich glaube an meine Neurotica nicht mehr." Nicht zuletzt aus der „Einsicht, daß es im Unbewußten ein Realitätszeichen nicht gibt, so daß man die Wahrheit und die mit Affekt besetzte Fiktion nicht unterscheiden kann. (Demnach blieb die Lösung übrig, daß die sexuelle Phantasie sich regelmäßig des Themas der Eltern bemächtigt.) Viertens die Überlegung, daß in der tiefgehendsten Psychose die unbewußte Erinnerung nicht durchdringt .... Wenn man so sieht, daß das Unbewußte niemals den Widerstand des Bewußten überwindet, so sinkt auch die Erwartung, daß es in der Kur umgekeht gehen müßte bis zur völligen Bändigung des Unbewußten durch das Bewußte" (Brief an Fließ vom 21.9.1897).

Diese Beweisführung ist seltsam genug. Offensichtlich, daß hier der Wunsch der Gevatter des Gedankens wurde – doch eben eines anderen Gedankens als des vermeinten, in der Deutung formulierten. Der Wunsch verweist, in der Rückschau, vielmehr auf eine erst in der Zukunft sich manifestierende Auffassung (von der psychischen Realität der Phantasie): Interpretieren wir Freuds Traum zunächst analog dem Traummuster des „typischen" Prüfungstraums, so ergibt die manifeste Darstellung des inzestuösen Verhältnisses (analog des Traumes vom Versagen bei der Prüfung) die Beruhigung: „Aber ich habe keine inzestuöse Beziehung zu meiner Tochter. Das ist nur ein Traum." („Ich bin nicht bei der Prüfung durchgefallen. Ich bin längst Doktor.") Oder anders: „Auch wenn ich keine inzestuöse Beziehung zu meiner Tochter habe, so gibt es doch solche Wünsche." Oder noch anders: „Daß ich die Tatsache, daß der Traum einen Wunsch erfüllt, als Beweis für die Übereinstimmung dieses Wunsches mit der Realität nehmen kann, zeigt mir nichts anderes, als daß auch das Denken als Realitätsbewältigung letztlich auf Wunscherfüllung zielt." (Wie der Traum *zeigt* auch die Deutung, die Psychoanalyse, mehr, anderes, als sie *sagt*.

Helfen wir Freud mit Assoziationen zu seinem Traum aus: „Hella" – die schöne Helena, der Raub der Helena, die Entfesselung des Trojanischen Krieges, die Kriegslist des Achill: das Trojanische Pferd;

Troja – die Stadt, die Schliemann (dessen mythologiegläubiger Wunsch ihn fündig werden ließ) ausgrub, Freuds Archäologiekomplex; die Gradiva und der junge Archäologe Hanold, der etwas anderes findet als das, was er sucht (und damit findet, was er eigentlich sucht)... Freud ist der Held, der listig (und sogar von ihm selbst nicht recht bemerkt) den Wunsch als den Vater der Gedanken in den Diskurs der Wissenschaft schmuggelt – der Wunsch, der aber auch sein verletzbarer Punkt ist, denn dieser Wunsch ist der unerkannte Nabel, dem all sein Erkennen und Bemühen um Erkenntnis immer wieder aufsitzt, auch noch da, wo er Nabelschau (Selbstanalyse) betreibt.

Im psychoanalytischen Denken stehen Finden, Wiederfinden und Erfinden in einem zirkulären Zusammenhang, in dem die drei Ebenen der Zeit, Gegenwart, Vergangenheit und Zukunft, miteinander verschränkt sind. Darin kann die psychoanalytische Denkbewegung ihre Abkunft von der Phantasie nicht leugnen. „Man darf sagen: eine Phantasie schwebt gleichsam zwischen drei Zeiten, den drei Zeitmomenten unseres Vorstellens. Die seelische Arbeit knüpft an einen aktuellen Eindruck, einen Anlaß in der Gegenwart an, der imstande war, einen der großen Wünsche der Person zu wecken, greift von da aus auf die Erinnerung eines früheren, meist infantilen Erlebnisses zurück, in dem jener Wunsch erfüllt war, und schafft nun eine auf die Zukunft bezogene Situation, welche sich als die Erfüllung jenes Wunsches darstellt, eben den Tagtraum oder die Phantasie, die nun die Spuren ihrer Herkunft vom Anlasse und von der Erinnerung an sich trägt. Also Vergangenes, Gegenwärtiges, Zukünftiges wie an der Schnur des durchlaufenden Wunsches aneinandergereiht“ (GW VII, S. 217 f.).

Dieser rote Faden des Wunsches, der Zusammenhang von Finden und Wiederfinden sind es auch, die Freud offensichtlich an der „an sich nicht besonders wertvollen Novelle“ (GW XIV, S. 91) Jensens, „Gradiva“, faszinieren.

Der junge Archäologe Norbert Hanold entdeckt in einer Antikensammlung in Rom das Relief einer jungen Frau, die auf eine besondere Weise schreitet: Ihr rechter Fuß „berührte nur lose mit den Zehenspitzen den Boden, während die Sohle und Ferse sich fast senkrecht emporhoben“ (S. 3). (Ich zitiere nach Freuds Leseexemplar: W. Jensen, *Gradiva. Ein pompejanisches Phantasiestück,* Dresden und Leipzig 1903.) Hanold nennt das Objekt seines ihm selbst obskuren Begehrens Gradiva, die Vorschreitende. „Es war kein plastisches Erzeugniss alter grosser Kunst, sondern im Grunde ein römisches

Genrebild, und er wusste sich nicht klarzustellen, was daran seine Aufmerksamkeit erregt habe, nur dass er von etwas angezogen worden und diese Wirkung des ersten Anblicks sich seitdem unverändert forterhalten habe“ (S. 3 f.). Freud markiert den mittleren Teil dieses Satzes und notiert am Rand: „Grundfakt“. Hanold spekuliert über die schöne Unbekannte, die ihm doch auf unerklärliche Weise bereits so bekannt erscheint: „...unverkennbar gehörte sie nicht unterem Stande an, war die Tochter eines Nobilis, jedenfalls eines honesto loco ortus“ (S. 4), und Freud glossiert: „Er(innerung) ersetzt durch Ph(antasie)“. Hanolds Phantasieerkenntnisse beschränken sich nicht allein auf die standesmäßige Herkunft der Gradiva: „Auf seiner italienischen Reise war er mehrere Wochen hindurch zum Studium der alten Trümmerreste in Pompeji verblieben und in Deutschland ihm eines Tages plötzlich aufgegangen, die von dem Bild Dargestellte schreite dort irgendwo auf den wieder ausgegrabenen eigenthümlichen Trittsteinen ...“ (S. 5). „Versetz(un)g nach Pompeji“, lautet dazu Freuds Randbemerkung. Alles Interesse des weltfremden und eigenbrötlerischen Archäologen nimmt von nun an die antike Frauengestalt des Reliefs ein: „Ganze Wissenschaft im Dienst der Ph(antasie)“, schreibt Freud auf Seite 7 an den Rand der Novelle.

Der weitere Inhalt von Jensens Novelle ist bekannt: Hanold fährt nach Pompeji und findet dort Gradiva. Gradiva aber ist niemand andere als die Freundin seiner Kindheit, Zoë Bertgang, die Hanold vollständig vergessen zu haben schien und die er wiederfand, indem er den Eingebungen seines wissenschaftlichen Wahns folgte – eines Wahns, von dem ihn Zoë – wie Freud (VII, S. 115 ff.) ihr attestiert – nach allen Regeln psychoanalytischer Kunst heilt.

Die Novelle Jensens zeigt gerade in deren Vielheit eine merkwürdige *Einheit* der Orte, Zeiten und Personen, genauer gesagt: deren seltsam und wahnhaft anmutende wechselseitige Ersetzbarkeit. Die Analyse nun deckt die verborgene „Schnur des durchlaufenden Wunsches“ (GW VII, S. 218) auf, entlang derer Zeiten, Orte und Personen scheinbar willkürlich verschoben werden können. „Sie waren an das Herculesthor zurückgelangt, wo am Anfang der Strada Consolare alte Trittsteine die Strasse überkreuzten. Norbert Hanold hielt vor ihnen an und sagte mit einem eigenthümlichen Klang der Stimme: ‚Bitte geh‘ hier vorauf!‘ Ein heiter verständnissvoll lachender Zug umhuschte den Mund seiner Begleiterin, und mit der Linken das Kleid ein wenig raffend, schritt die Gradiva rediviva Zoë Bertgang, von ihm mit traumhaft dreinblickenden Augen umfasst, in ihrer ruhig-behenden

Gangart durch den Sonnenglanz über die Trittsteine zur anderen Straßenseite hinüber" (Jensen, S. 150 f.). So lautet der Schluß der Novelle, den Freud mit der Randnotiz „Erotik! Aufnahme d(er) Phantasie" kommentiert und der er – gleichsam noch als Glosse zur Randbemerkung – hinzufügt: „Versöhn(un)g".

Der Faden des durchlaufenden Wunsches wird so von den beiden Protagonisten – jenseits des Wahns – wieder aufgenommen. Ebenso scheint Freud anzuerkennen, daß es keinen anderen Faden gibt, der uns den Weg durch's Labyrinth führen kann. Es ist auch der Faden, den wir um die Psychoanalyse schlingen, an dem wir sie fortwerfen und wieder hervorziehen.

IV. Psychoanalytische Helden: Ödipus, Odysseus und ...

Es war einmal „vor den Toren der Stadt in Boiotien die Sphinx erschienen. ... Dieses Ungeheuer hatte sich auf einen Felsen gelagert und legte dort den Bewohnern von Theben allerlei Rätsel vor, die sie von den Musen erlernt hatte. Erfolgte die Auflösung nicht, so ergriff sie denjenigen, der es übernommen hatte, das Rätsel zu lösen, zerriß ihn und fraß ihn auf. ... Diese Not bewog den Fürsten Kreon, öffentlich bekannt zu machen, daß demjenigen, der die Stadt von der Würgerin befreien würde, das Reich und seine Schwester Iokaste als Gemahlin zuteil werden sollte. Eben als jene Bekanntmachung öffentlich verkündet wurde, betrat Ödipus an seinem Wanderstabe die Stadt Theben. Die Gefahr wie ihr Preis reizten ihn, zumal er das Leben, wegen der drohenden Weissagung, die über ihm schwebte, nicht hoch anschlug. Er begab sich daher nach dem Felsen, auf dem die Sphinx ihren Sitz genommen hatte, und ließ sich von ihr ein Rätsel vorlegen. Das Ungeheuer gedachte dem kühnen Fremdling ein recht unauflösliches aufzugeben, und sein Spruch lautete also: ‚Es ist am Morgen vierfüßig, am Mittag zweifüßig, am Abend dreifüßig. Von allen Geschöpfen wechselt es allein mit der Zahl seiner Füße; aber eben wenn es die meisten Füße bewegt, sind Kraft und Schnelligkeit seiner Glieder ihm am geringsten.‘ Ödipus lächelte, als er das Rätsel vernahm, das ihm selbst gar nicht schwierig erschien. ‚Dein Rätsel ist der Mensch‘, sagte er ...“ (Gustav Schwab, *Die schönsten Sagen des klassischen Altertums,* Stuttgart 1986, S. 258 f.).

Ödipus lächelt (noch), weil er sich über das Rätsel, das er zu lösen hat, täuscht.

Der Ödipusmythos ist die Geschichte der Substitution eines Rätsels durch ein anderes: Ödipus löst das Rätsel, das die Sphinx ihm stellt, und verfällt im Augenblick der Lösung – blindlings – einem neuen Rätsel: seinem eigenen, dem Rätsel seiner Geschichte und seiner Schuld.

Die Werke der ägyptischen Kunst, so schreibt Hegel in seinen „Vorlesungen über die Ästhetik“ (*Werke 13,* S. 465), seien Rätsel in ihrer geheimnisvollen Symbolik, ja, „das objektive Rätsel selbst. Als Symbol für diese eigentliche Bedeutung des ägyptischen Geistes können wir die Sphinx bezeichnen. Sie ist das Symbol gleichsam des

Symbolischen selber." Die Sphinxgestalten, so beschreibt und deutet Hegel sie, „sind liegende Tierleiber, an denen als Oberteil der menschliche Körper sich herausringt … Aus der dumpfen Stärke und Kraft des Tierischen will der menschliche Geist sich hervordrängen, ohne zur vollendeten Darstellung seiner eigenen Freiheit und bewegten Gestalt zu kommen, da er noch vermischt und vergesellschaftet mit dem Anderen seiner selbst bleiben muß. Dieser Drang nach selbstbewußter Geistigkeit, die sich nicht aus sich in der ihr allein gemäßen Realität erfaßt, sondern nur in dem ihr Verwandten anschaut und in dem ihr ebenso Fremden zum Bewußtsein bringt, ist das Symbolische überhaupt, das auf dieser Spitze zum Rätsel wird."

Was bei Hegel als sozusagen defizienter Modus des Selbstbewußtseins gefaßt ist, scheint unter psychoanalytischer Perspektive die einzige Möglichkeit der Selbsterkenntnis zu sein: am Ähnlichen wie am anderen, am Fremden die eigene Selbstfremdheit als Conditio humana zu entziffern. Für diese Selbsträtselhaftigkeit des menschlichen Geistes steht bei Hegel das eigentliche Symbol, das „an sich rätselhaft" ist (S. 509). Demgegenüber gehört das Rätsel „der bewußten Symbolik an und unterscheidet sich vom eigentlichen Symbol sogleich dadurch, daß die Bedeutung vom Erfinder des Rätsels klar und vollständig gewußt und die verhüllende Gestalt, durch welche sie erraten werden soll, daher absichtlich zu dieser halben Verhüllung auserwählt ist. Die eigentlichen Symbole sind vor- und nachher unaufgelöste Aufgaben, das Rätsel dagegen ist an und für sich gelöst, weshalb denn auch Sancho Pansa ganz richtig sagt: er habe es viel lieber, wenn ihm erst das Auflösungswort und dann das Rätsel gegeben werde" (S. 509 f.).

Daß Ödipus das Rätsel löste, weil er wußte, was die Sphinx auch wußte, darin liegt das tragische Mißverständnis, das die Sphinx und Ödipus miteinander teilten, weil sie die eigentliche Symbolik des Rätsels verkannten, und das die Sphinx den Kragen kostete. Was sie (und mit ihnen oft genug die Psychoanalytiker) nicht erkannten, war, daß „der Mensch" nicht des Rätsels *Lösung* ist, sondern daß die Aufgabe der Sphinx die symbolische Repräsentanz dessen darstellt, was der Mensch *ist:* ein Rätsel, dem es eigen ist, immer wieder neu gestellt zu werden. „Wenn also Moses ein Ägypter war – so ist der erste Gewinn aus dieser Annahme", so greift Freud (GW XVI, S. 115) im zweiten Teil seines „historischen Romans" über den „Mann Moses" seine vorherigen Überlegungen wieder auf, *„eine neue, schwer zu beantwortende Rätselfrage"* (Hervorhebung von mir).

Die Psychoanalyse am Schnittpunkt von Mythos und Aufklärung? Vielleicht wäre dann nicht Ödipus, sondern Odysseus der psychoanalytische Held par excellence? Odysseus, der Listenreiche, kein sich selbst Blendender, sondern als ein Niemand Blender des Polyphem, der sprichwörtlich ziellos Reisende auf seinem Weg nach Hause, Titelheld jenes Homerischen Epos, das, wie Horkheimer und Adorno in der „Dialektik der Aufklärung" (Frankfurt/M. 1971, S. 44) schreiben, so beredt wie kein anderes Zeugnis ablegte von der „Verschlungenheit von Aufklärung und Mythos": „Odysseus versucht nicht, einen anderen Weg zu fahren als den an der Sireneninsel vorbei. ... Odysseus erkennt die archaische Übermacht des Liedes an, indem er, technisch aufgeklärt, sich fesseln läßt. Er neigt sich dem Liede der Lust und vereitelt sie wie den Tod. Der gefesselte Hörende will zu den Sirenen wie irgendein anderer. Nur eben hat er die Veranstaltung getroffen, daß er als Verfallener ihnen nicht verfällt. Er kann mit aller Gewalt seines Wunsches, die die Gewalt der Halbgöttinnen selber reflektiert, nicht zu ihnen, denn die rudernden Gefährten mit Wachs in den Ohren sind taub nicht bloß gegen die Halbgöttinnen, sondern auch gegen den verzweifelten Schrei des Befehlshabers. ... Der Epos schweigt darüber, was den Sängerinnen widerfährt, nachdem das Schiff entschwunden ist. In der Tragödie aber müßte es ihre letzte Stunde gewesen sein, wie die der Sphinx es war, als Ödipus das Rätsel löste ..." (S. 55).

Odysseus ist der verschlagene „dumme August" Ich im Gewande des antiken Heroen. Verschlagen ist Odysseus im doppelten Sinne des Wortes: als einer, der sich der List zu bedienen weiß, und als einer, der vom Schicksal verschlagen ist auf seine ziellose Reise – „verschlagen werden und verschlagen sein sind bei Homer Äquivalente" (S. 59). Die abenteuerliche Reihung der Erlebnisse des Helden mag als Defizit an Kohärenz des Mythischen erscheinen. „So sehr ist auf der homerischen Stufe die Identität des Selbst Funktion des Unidentischen, der dissoziierten, unartikulierten Mythen, daß sie diesen sich entlehnen muß. Noch ist die innerliche Organisationsform von Individualität, Zeit, so schwach, daß die Einheit der Abenteuer äußerlich ... bleibt ..." (S. 46). Wir können in der auflistenden Darstellung der Getriebenheit des Odysseus aber auch den Reflex jener immer nur äußerlichen Einheitlichkeit entdecken, die den Riß prinzipieller Nichtidentität im Subjekt fadenscheinig umhüllt. Der dem Fatum Unterworfene, das Sub-jekt Odysseus, macht sich das Paradox der menschlichen Identität – das „Ich ist ein anderer" (Rimbaud) – zunutze, um dem Schicksal zu entgehen, vom einäugigen Polyphem vernichtet zu werden, indem er sich als Niemand identifiziert. Ödipus weiß, was die Sphinx auch weiß; Odysseus aber weiß mehr als Polyphem. Doch Odysseus hält die List nicht durch, und sein so helden- wie zwanghaftes Bekenntnis zur eigenen unverrückbaren Identität büßt er fast mit dem Tod. Horkheimers und Adornos Analyse der „Dialektik der Aufklärung" zielt auf die Einsicht, daß die nicht über sich selbst aufgeklärte Aufklärung zwangsläufig wieder in den Mythos umschlagen muß, von dem sie sich emanzipiert zu haben glaubt. Odysseus ist ihnen „der heroische Kämpfer aus der Vorgeschichte der Aufklärung, der archaische Held aller späteren Vernunft" (R. Grimminger, *Die Ordnung, das Chaos und die Kunst,* Frankfurt/M. 1990, S. 17). Was Horkheimer und Adorno entgeht, ist, daß die List des Odysseus gegenüber Polyphem nicht einfach Ergebnis aufgeklärt technischen Verhaltens oder der Instrumentalierung des mythischen Glaubens an die Untrennbarkeit von Namen und Subjekt und die Allmacht des Wortes darstellt, sondern daß diese verwendete List ein Verhalten darstellt, in dem Vernunft und Mythos nicht nur dialektisch einander vermittelt sind, sondern in dem sie darüber hinaus ihre vermeintlich scharfen Konturen verlieren und die Bilanzierung ihrer Anteile ihren Sinn verliert, in dem Vernunft sich nur als Sprachmagie zum Ausdruck bringen kann und Magie als Vernunft erscheinen muß.

Freud, der unaufgeklärte Aufklärer, weiß sich als in der Genealogie der magisch-mythischen Weltauffassung stehend, indem er – sicher wider Willen – die Abkunft der Wissenschaft aus dem Versuch der magischen Beeinflussung der Realität konzediert: „Wenn ich will, daß es regne, so brauche ich nur etwas zu tun, was wie Regen aussieht oder an Regen erinnert. In einer weiteren Phase der Kulturentwicklung wird man anstatt dieses magischen Regenzaubers Bittgänge zu einem Gotteshaus veranstalten und den dort wohnenden Heiligen um Regen anflehen. Endlich wird man diese religiöse Technik aufgeben und dafür versuchen, durch welche Einwirkungen auf die Atmosphäre Regen erzeugt werden kann" (GW IX, S. 100). Je mehr aber in der Psychoanalyse der der Magie ebenso wie der Wissenschaft zugrundeliegende Wunsch in Vergessenheit gerät, desto starrsinniger wird das magische Verhalten, das sich als rein rationales gebärden darf. Der Wunsch erfährt das Schicksal seiner rituellen Versteinerung: „Wenn Spiel und imitative Darstellung dem Kinde und dem Primitiven genügen, so ist dies nicht ein Zeichen von Bescheidenheit ... oder von Resignation ..., sondern die wohl verständliche Folge der überwiegenden Wertung ihres Wunsches, des von ihm abhängigen Willens und der von ihm eingeschlagenen Wege. Mit der Zeit verschiebt sich der psychische Akzent von den Motiven der magischen Handlung auf deren Mittel, auf die Handlung selbst" (GW IX, S. 104). Der korrekte Analytiker gibt sich redliche Mühe, niemand mehr zu sein, statt ein listiger Niemand zu sein, er läßt sich anbinden, ohne doch gefesselt zu sein und hört schon längst nicht mehr den Gesang der Sirenen – er hat den Wunsch durch das Setting ersetzt, das doch einmal dazu da war, diesen zu hören.

Die Psychoanalyse, soweit sie nicht geblendet ist von jenem Trugbild ihrer selbst, das sie im Ödipus zu erkennen vermeint – des Rätsels Lösung –, könnte sich an das Weiterleben der Sirenen im homerischen Epos erinnern, statt das Rätsellösen im Dienste der Vernichtung der Sphinx, der Tilgung des immer wieder aufs neue Rätselhaften, betreiben zu wollen. So wie jede Lösung das Rätsel nur immer wieder auf andere Weise stellt und das Rätsel neu begründet (und damit die Psychoanalyse), so ist der Gesang der Sirenen vielleicht zu umschiffen, oder man vermag ihm gefesselt, aber heroisch standzuhalten, aber man kann ihn nicht zum Verstummen bringen. (Allerdings, sprach die Sphinx, rück' das Dings mehr nach links, und mit einem Mal da ging's.)

V. Prometheus: zur Gewinnung des Feuers und der Metaphern

Wir haben die mythischen Gestalten des Ödipus und des Odysseus als Verkörperungen möglicher Selbstdeutungen der Psychoanalyse interpretiert; es liegt nahe, diese Reihe um eine dritte heroische Gestalt zu erweitern: Prometheus.

Wie Freud das Fort-Da-Spiel, als Symbolisierung von Abwesenheit und Präsenz der Mutter, als spielerischen Versuch also, deutet, die Erfahrung eines Mangels und des Ausgeliefertseins durch eigene Aktivität zu „bewältigen", so ließe sich der Prometheus-Mythos (jedenfalls als eine mögliche Lesart) ebenfalls als Ausdruck symbolischer Bewältigung einer überwältigenden Erfahrung deuten: die der eigenen Triebhaftigkeit. Die Frage nach einer eigenen lustvollen Qualität der symbolisierenden Reproduktion von (nicht unbedingt lustvollen) Situationen sowie nach der Bedeutung des Wiederholungscharakters des Kinderspiels überhaupt, die Freud in „Jenseits des Lustprinzips" am Beispiel des Fort-Da-Spiels streift, aber nicht eigentlich beantwortet, klingt auch in seiner Schrift „Zur Gewinnung des Feuers" kurz an, ebenfalls ohne daß er sie weiter verfolgt: „Man darf die Frage aufwerfen, ob man es der mythenbildenden Tätigkeit zumuten darf, sich – gleichsam spielerisch – in der verkleideten Darstellung allgemeinbekannter, wenn auch höchst interessanter seelischer Vorgänge mit körperlicher Äußerung zu versuchen ohne anderes Motiv als bloße Darstellungslust. Darauf kann man gewiß keine sichere Antwort geben, ohne das Wesen des Mythus verstanden zu haben ..." (GW XVI, S. 7).

Der Mythos von Prometheus, so lautet Freuds Deutung in diesem neben den großen kulturkritischen Schriften eher unscheinbar anmutenden Aufsatz „Zur Gewinnung des Feuers", stelle – mittels der durch die Analyse der Traumarbeit hinlänglich bekannten Mechanismen der Symbolisierung und der Verwandlung ins Gegenteil – die Leistung des Triebverzichts als heroische kulturelle Tat dar und enthalte zugleich den Trost, daß die Triebe letztlich doch unbesiegbar sind.

„Ich meine ..., daß meine Annahme, die Vorbedingung der Bemächtigung des Feuers sei der Verzicht auf die homosexuelle Lust gewesen, es durch den Harnstrahl zu löschen, lasse sich durch die Deutung der griechischen Prometheussage bestätigen ..." (GW XVI,

S. 3 f.). Freud benutzt den Prometheusmythos, um eine „phantastisch klingende“ Spekulation, die er zuvor beiläufig im „Unbehagen in der Kultur“ in einer Fußnote unternommen hatte, zu bestätigen: „Als wäre der Urmensch gewohnt gewesen, wenn er dem Feuer begegnete, eine infantile Lust an ihm zu befriedigen, indem er es durch seinen Harnstrahl auslöschte. An der ursprünglichen phallischen Auffassung der züngelnden, sich in die Höhe reckenden Flamme kann nach vorhandenen Sagen kein Zweifel sein. Das Feuerlöschen durch Urinieren ... war also wie ein sexueller Wettkampf mit einem Mann, ein Genuß der männlichen Potenz im homosexuellen Wettkampf. Wer zuerst auf diese Lust verzichtete, das Feuer verschonte, konnte es mit sich forttragen und in seinen Dienst zwingen. Dadurch daß er das Feuer seiner eigenen sexuellen Erregung dämpfte, hatte er die Naturkraft des Feuers gezähmt. Diese große kulturelle Eroberung wäre also der Lohn für einen Triebverzicht. Und weiter, als hätte man das Weib zur Hüterin des auf dem häuslichen Herd gefangengehaltenen Feuers bestellt, weil ihr anatomischer Bau es ihr verbietet, einer solchen Lustversuchung nachzugeben“ (GW XIV, S. 449).

Die kulturelle Eroberung des Feuers wäre also selbst frei von sexueller Erregung? Freuds Fragestellung ist seltsamerweise sehr eingeschränkt, wenn er den Umgang des Menschen mit dem Feuer erklärend reduziert auf die Lust des Mannes, es urinierend auszulöschen, bzw. auf die Leistung, auf diese Lust zu verzichten. Die seiner spekulativen Argumentation implizite Annahme wird nicht eigentlich verständlich – nämlich die, warum im Akt des Triebverzichts die symbolische Bedeutung des Feuers gleichsam erlöschen und das Feuer nun auf einmal mit sich selbst identisch werden sollte: warum es paradoxerweise reines Naturobjekt wird just in dem Moment, da es kulturell angeeignet wird. (Die Tatsache der symbolischen Bedeutung des Feuers scheint sich auf den Akt des Verzichts zu verschieben: Das Feuer an sich bedeutet nichts mehr, dafür um so mehr der Triebverzicht.) Wie ist dieser qualitative Sprung vom Feuer als homosexuellem Objekt, an dem der Mann urinierend sich befriedigt, zum Feuer als desexualitiertem, durch Verzicht bewahrtem Kulturobjekt zu begreifen? In der Bewahrung des Feuers, seiner kulturellen Verwendung und Nutzbarmachung wäre dessen symbolische sexuelle Bedeutung für den Menschen also ausgelöscht, könnte aber durch Auspissen des Feuers wieder entfacht werden, so daß aus diesem Grunde vorsichtshalber die Frauen zu den Hüterinnen des Feuers bestimmt worden wären? Die Verwendung des Feuers für die Nahrungszubereitung etwa wäre dann ein nichtsexueller „Gebrauch"; die Frauen wären deshalb am Herd, weil sie mit dem Feuer nichts, außer damit zu kochen und zu braten, anzufangen wüßten, jedenfalls nichts Sexuelles? Es läge doch eigentlich mehr als nahe, von der unplausiblen Einengung des Verhältnisses zum Feuer (aufs triebhafte Auspissen bzw. den kulturellen Verzicht darauf) zu der allgemeinen Frage zu kommen: Warum gelingt es dem Menschen, seine Angst vor dem Feuer zu überwinden, es sich anzueignen und die Fähigkeit zu erwerben, es selbst zu entfachen? Weil der Mensch im Feuer etwas ihm Äußerliches gefunden hatte, an dem er etwas von sich selbst erkennen konnte. Indem er durch Aneignung sich zu diesem Äußeren in Beziehung setzte, gelang es ihm unter anderem, etwas seiner selbst sichtbar und greifbar werden zu lassen, und, wenn man so will, Passivität in Aktivität zu verwandeln, Ausgeliefertsein in Selbsterkenntnis.

Daß der Mensch etwas von sich im Feuer erkennt, erscheint ja auch Freud offensichtlich: „Man kann sich ja kaum der Idee erwehren, daß, wenn die Leber der Sitz der Leidenschaft ist, sie symbolisch dasselbe bedeutet wie das Feuer selbst und daß dann ihre tägliche Aufzehrung und Erneuerung eine zutreffende Schilderung von dem Verhalten der Liebesgelüste ist, die täglich befriedigt, sich täglich wiederherstellen" (GW XVI, S. 6 f.). „Das Glied des Mannes hat zwei Funktionen, deren Beisammensein manchem ein Ärgernis ist. Es besorgt die Entleerung des Harnes und es führt den Liebesakt aus, der das Sehnen der genitalen Libido stillt. Das Kind glaubt noch, die beiden Funktionen vereinen zu können ... Aber der Erwachsene weiß, daß die beiden Funktionen unverträglich miteinander sind – so unverträglich wie Feuer und Wasser. ... Der Gegensatz der beiden Funktionen könnte uns veranlassen zu sagen, daß der Mensch sein eigenes Feuer durch sein eigenes Wasser löscht" (GW XVI, S. 8 f.).

Aber gerade im Auspissen des Feuers begeht der Mann doch den symbolischen sexuellen Akt, dann also, wenn er angeblich gleichzeitig mit dem äußeren Feuer sein eigenes Feuer mit seinem eigenen Wasser gelöscht hat! Was Freud unter den Tisch kehrt, ist, daß das Verhältnis von Triebabwehr und -befriedigung keineswegs so eindeutig ist, wie man anzunehmen geneigt ist. Im Gegenteil scheint, was zunächst als Triebverzicht imponiert, unter anderem Aspekt Triebbefriedigung zu sein – und umgekehrt. Dies ist nur ein Indiz dafür, daß Lust keineswegs mit Befriedigung zu identifizieren ist, sondern in einem spezifischen Verhältnis zu ihren vermeintlichen Gegenspielern, dem Verbot bzw. der Abwehr liegt. Lust kommt offenbar nicht dort am reinsten zum

Ausdruck, wo es keine Abwehr gibt, sondern durch deren Durchbruch oder Überlistung.

Bevor wir uns der produktiven (statt der bloß verzichtenden) Leistung der Gewinnung des Feuers weiter zuwenden, folgen wir zunächst den Gedanken in Freuds Deutung des Prometheusmythos. Eine der Fragen, die Freud in „Zur Gewinnung des Feuers" aufwirft, lautet: Warum stellt die Sage die Gewinnung des Feuers als Frevel dar; wer wird dadurch überhaupt betrogen? Und die Antwort: „... die Götter sind die Betrogenen. Den Göttern teilt der Mythos bekanntlich die Befriedigung aller Gelüste zu, auf die das Menschenkind verzichten muß, wie wir es vom Inzest her kennen. Wir würden in analytischer Auffassung sagen, das Triebleben, das Es, sei der durch die Feuerlöschentsagung betrogene Gott..." (GW XVI, S. 5). Und warum die Bestrafung des feuerbringenden Heros? „Prometheus wird an einen Felsen geschmiedet, ein Geier frißt täglich an seiner Leber. ... Die Leber galt den Alten als der Sitz aller Leidenschaften und Begierden; eine Strafe wie die des Prometheus war also das richtige für einen triebhaften Verbrecher, der gefrevelt hatte unter dem Antrieb böser Gelüste. Das genaue Gegenteil trifft aber für den Feuerbringer zu; er hatte Triebverzicht geübt und gezeigt, wie wohltätig, aber auch wie unerläßlich ein solcher Triebverzicht in kultureller Absicht ist. Und warum mußte eine solche kulturelle Wohltat überhaupt von der Sage als strafwürdiges Verbrechen behandelt werden? Nun, wenn sie durch alle Entstellungen durchschimmrn läßt, daß die Gewinnung des Feuers einen Triebverzicht zur Voraussetzung hatte, so drückt sie doch unverhohlen den Groll aus, den die triebhafte Menschheit gegen den Kulturheros verspüren mußte" (GW XVI, S. 5 f.).

Die unplausiblen Aspekte der „phantastischen" Hypothese über die Gewinnung des Feuers, wie sie Freud im „Unbehagen in der Kultur" vorgetragen hat, hat Albrecht Schaeffer in einem kleinen Aufsatz, „Der Mensch und das Feuer", „gewissermaßen ins Reale zu härten" versucht, um zu zeigen, daß „diese Mutmaßung von den Anlässen zur Feuer-Zähmung unmöglich phantastisch ..., sondern vielmehr nur phantasielos" genannt werden könne: „Gesagt wird:

1) Ein Mensch begegnet einem Feuer.

2) Dies darf er nicht in Besitz nehmen und zu nutzen versuchen.

3) Sondern er muß den Trieb empfinden, es mit seinem Harn auszulöschen.

4) Diesen Trieb muß er unterdrücken, um sich

5) durch solchen Verzicht die Erlaubnis zum Besitz des Feuers zu verdienen.

6) Nun darf er es wegtragen" (in: A. Schaeffer, *Traumdeutung,* hg. v. B. Rauschenbach, Zürich 1985, S. 38).

Siebzehn Jahre nach Freuds Schrift über die „Gewinnung des Feuers" – in der Freud Schaeffers Widerspruch zwar erwähnt, ohne ihn jedoch inhaltlich zu diskutieren – hat sich Gaston Bachelard erneut des Themas angenommen. In seiner „Psychoanalyse des Feuers" (München 1985) gibt der französische Wissenschaftstheoretiker Bachelard seinen vorherigen epistemologischen Untersuchungen eine neue Wendung: War zuvor in erster Linie seine Stoßrichtung, die spezifischen Erkenntnishindernisse objektiv-induktiver Wissenschaft mittels deren Psychoanalyse auszutreiben, so unternimmt er es in dieser Schrift vor allem, die Vermittlungslinien zwischen poetisch-metaphorischer und rational-wissenschaftlicher Erkenntnis nachzuzeichnen. Am im wörtlichsten Sinne elementaren Paradigma des Feuers untersucht Bachelard Formen des Theoretisierens, die er als Weisen der „Träumerei" auffaßt und die er psychoanalytisch deuten möchte. (Die *Träumerei* ist für Bachelard der zentrale Vermittlungsbegriff zwischen den Produktionen des Unbewußten und der wissenschaftlichen Rationalität.) Die Analyse des Verhältnisses des Menschen zum Feuer ist zentral für die Konstruktion der Bachelardschen Psychoanalyse der objektiven Erkenntnis: „Der Prometheuskomplex ist der Ödipuskomplex des intellektuellen Lebens" (S. 20).

Das Feuer, so lautet eine anthropologische These, hätten die Urmenschen dadurch erzeugt, daß sie trockenes Holz aneinanderrieben. Wie sie darauf verfielen? Nun, die Menschen hätten in der Natur beobachtet, daß aneinanderreibende trockene Zweige einen Waldbrand verursachten. Bachelard weist ein solches rationalistisches Erklärungsmuster als offensichtlich absurd zurück und setzt ihm eine grundsätzlich andere Erklärungslogik entgegen: „Zuallererst muß man zugeben, daß das Reiben eine stark sexualisierte Erfahrung ist. ... dann ... wird man zu der Überzeugung gelangen, daß der *objektive* Versuch, Feuer durch Reibung zu erzeugen, auf höchst subjektive Erfahrungen zurückgeht. Die Liebe ist die erste wissenschaftliche Hypothese für die objektive Reproduktion des Feuers" (S. 33). Kurz: „Bevor das Feuer ein Sohn des Holzes ist, ist es der Sohn des Menschen" (S. 35).

Wenn die Objektivität derart subjektiviert werden kann, ist die Betrachtungsperspektive auch leicht wieder umkehrbar: An einem wissenschaftlichen Text von Rabiqueau aus der Mitte des 18. Jahrhunderts über „experimentelle Elektrizität“ zeigt Bachelard eine solche Umkehrung der Erklärung: „Da das Reiben die Ursache der Elektrizität darstellt, entwickelt Rabiqueau eine *elektrische* Theorie der Geschlechter“ (S. 36). Und Freud (GW XIII, S. 65) schreibt, klar die notwendige Bildlichkeit jeder Theorie, auch der naturwissenschaftlichen, erkennend: „In der Beurteilung unserer Spekulation würde es uns wenig stören, daß soviel befremdende und unanschauliche Vorgänge darin vorkommen, wie ein Trieb werde vom anderen herausgedrängt, oder er wende sich vom Ich zum Objekt und dergleichen. Dies rührt nur daher, daß wir genötigt sind, mit den wissenschaftlichen Termini, das heißt mit der eigenen Bildersprache der Psychologie (richtig: der Tiefenpsychologie) zu arbeiten. Sonst könnten wir die entsprechenden Vorgänge überhaupt nicht beschreiben, ja, würden sie gar nicht wahrgenommen haben. Die Mängel unserer Beschreibung würden wahrscheinlich verschwinden, wenn wir anstatt der psychologischen Termini schon die physiologischen oder chemischen einsetzen könnten. Diese gehören zwar auch einer Bildersprache an, aber einer uns seit längerer Zeit vertrauten und vielleicht auch einfacheren.“

Es hat allen Anschein, als ob im Bereich der Metaphern jene „Vermittlung“ von Subjektivem und Objektivem, Welt und Individuum, Gesellschaft und Subjekt stattfindet, nach der so oft wie nach dem Stein der Weisen gefahndet wird. (Wenn Lacan sagt, daß das Unbewußte wie eine Sprache strukturiert sei, so geht es dabei schließlich auch um jene Vermittlung.) Und ebenso scheint es, als ob nicht nur der Urmensch darauf angewiesen gewesen wäre (wie Freud schreibt), sondern wir alle davon besessen wären, „die Außenwelt mit Hilfe seiner eigenen Körperempfindungen und Körperverhältnisse zu begreifen“ (GW XVI, S. 9).

Der eigene Körper ist weit entfernt davon, Verkörperung reiner Subjektivität zu sein. „Der eigene Körper und vor allem die Oberfläche desselben ist ein Ort, von dem gleichzeitig äußere und innere Wahrnehmungen ausgehen können. Er wird wie ein anderes Objekt gesehen, ergibt aber dem Getast zweierlei Empfindungen“, heißt es bei Freud in „Das Ich und das Es“ (GW XIII, S. 253). (Was Lacan anhand des Spiegelstadiums beschreibt, ist im Grunde der phantastische Kraftakt der Identifikation innerer und äußerer Wahrnehmung des Körpers über den Bruch ihrer Differenz hinweg.) Und dann folgt ein etwas merkwürdiger Satz: „Das Ich ist vor allem ein körperliches, es ist nicht nur ein Oberflächenwesen, sondern selbst die Projektion einer Oberfläche“ (GW XIII, S. 253). Diese Oberflächenprojektion hat an der Hautfläche offenbar nicht ihre natürliche Grenze, das Ich kann sich vielmehr – in einer quasi metaphorisierenden Bewegung – ausdehnen. Der Mensch, heißt es im „Unbehagen in der Kultur", ist „sozusagen eine Art Prothesengott" (GW XIV, S. 451). Die Prothesen, die der Mensch geschaffen hat, sind „Materialisationen" (S. 450) entweder von menschlichen Eigenschaften und Fähigkeiten (meist in potenzierter Form) oder Niederschlag von Wünschen, und man weiß nicht recht zu entscheiden, ob sie dem Außen oder dem Innen des Menschen angehören – es ist, als ob auch die Objekte der Kultur dem Getast zweierlei Empfindungen zu gleicher Zeit lieferten.

Die Vermittlung, die die Metapher zu leisten scheint, hat eine nahe Verwandtschaft zu dem, was in der Psychoanalyse Übertragung heißt. Auch die Metapher überträgt ja, nämlich die Evidenz eines Bildbereichs auf einen anderen. (Erinnern wir uns: In der „Traumdeutung" meint der Begriff der Übertragung den Prozeß des Übergreifens von Besetzungsenergie vom System Ubw auf die „vorderen" Systeme des psychischen Apparates: Der Begriff verweist also auf die Verschiebbarkeit psychischer Energie.) Es ist nun, als ob die Metapher als rhetorische Übertragungsfigur prädestiniert ist, hervorragender Bestandteil einer Theoriesprache zu sein, die ausgerichtet ist auf die Beschreibung und Erklärung der Tendenz der libidinösen Energie, auf jedwede Form menschlicher Produktion überzugreifen und sie zu durchdringen.

Bachelard schreibt im Hinblick auf die Bedeutung der Metapher über seine Untersuchung. „Sie sollte zeigen, daß die Metaphern nicht einfache Idealisierungen sind, die aufsteigen wie Raketen, um am Himmel im Glanz ihrer Willkür zu explodieren, sondern daß Metaphern einander strenger verbunden und zugeordnet sind als die Sinneswahrnehmungen ..." (S. 142). In der Erklärungskraft ihrer Metaphern entfaltet die Psychoanalyse Funktionen und Wirkungen, wie sie sonst dem mythischen Denken zugeschrieben werden, ohne daß damit gesagt wäre, daß Psychoanalyse selber Mythos würde. „Wenn nun das Bild", schreibt Bachelard (S. 144), „psychisch nur wirksam wird durch die Metaphern, in die wir es zerlegen, wenn es wirklich neue seelische Strukturen nur in den extremsten Umwandlungen schafft, in der Zone der Metapher der Metapher, dann begreift man die ungeheure poetische Produktivität der Bilder des Feuers."

Der Psychologismus der Psychoanalyse ist weit weniger naiv und weit erklärungsmächtiger als der banale Psychologismusvorwurf, mit dem das Erkennen bloß partikularisiert, aber nicht vertieft wird. Man erkennt die Stärke des Psychologismus an der Schwäche der rationalistischen Objektivität. „Wenn die unbewußten sexuellen Obertöne dieses Reibens allmählich verstummen“ schreibt Bachelard (S. 38) über den Prozeß der Objektivierung der Wärmeempfindung und -erzeugung, „wenn trockene, unbewegliche Gemüter dafür unempfänglich sind, verliert das Reiben unter seinem rein mechanischen Effekt alsbald seine Erklärungskraft. Von diesem Gesichtspunkt aus ließe sich vielleicht psychoanalytisch der lange Widerstand erklären, auf den die kinetische Wärmetheorie gestoßen ist. Diese Theorie, die für die bewußte Vorstellung ganz klar und für einen aufrechten positivistischen Geist völlig befriedigend ist, läßt es für einen vorwissenschaftlichen Geist an Tiefe – verstehen wir es richtig –, an unbewußter Befriedigung vermissen.“

Prometheus, die Gewinnung des Feuers, die Deutung der Feuergewinnung und der Prometheussage – das alles bezeichnet natürlich ganz disparate Gegenstände (verschieden hinsichtlich der logischen Ebene, auf der sie angesiedelt sind), die dennoch eines gemeinsam haben: Wir haben versucht (und wollen es weiter versuchen), sie für eine Deutung der Psychoanalyse und ihrer Erkenntnisse fruchtbar zu machen oder, anders, im Lichte des eben Gedachten gesagt, sie als Elemente einer Metaphorologie der Psychoanalyse nutzbar zu machen.

Bachelard deutet das Verhältnis zum Feuer wie Freud als ein sexuelles, bei ihm jedoch ist anders als bei Freud der Akt seiner Gewinnung nicht begründet durch eine Verzichtsleistung, sondern ist im Gegenteil Indiz der Übertragbarkeit des Sexuellen. „Für den prähistorischen Menschen verdient allein das Feuer das Begehren nach Erkenntnis, denn dieses Begehren geht einher mit dem Wunsch nach Liebe“, heißt es bei Bachelard (S. 75). Man hat den Eindruck, als ob Freuds Theorie der Kultur als eines auf Triebverzicht gegründeten Ensembles menschlicher Produktionen die Psychoanalyse in eine Sackgasse des Erkennens geführt hätte, die es erschwert hat, andere Erkenntnisse der Psychoanalyse radikal genug weiterzuführen: nämlich die, daß etwas am sexuellen Wunsch selber seiner Erfüllung widerstrebe. Dieser Gedanke eines inneren strukturellen Konflikts wird entschärft, wenn er auf den „äußeren“ Konflikt zwischen Trieb und Kultur projiziert wird, statt in der Kultur ein von Produktionen des Triebes und seinen inhärenten Konflikten durchdrungenes Gebilde zu sehen. Verfolgte man diese Linie des psychoanalytischen Denkens konsequent, stellten sich im übrigen die Fragen nach der Deutbarkeit des Gesellschaftlichen anders, als sie in der Regel gestellt und mit dem

Hinweis auf die notwendige Ergänzung der Psychoanalyse durch Soziologie, Ökonomie etc. beantwortet werden. (Man käme vielleicht auch auf die Idee, die Metapher der psychischen Ökonomie beim Wort zu nehmen und die Wunschhaftigkeit der ökonomischen Sphäre nicht länger kurzschlüssig als Domäne etwa der Werbepsychologie oder der psychoanalytischen Kritik sogenannter falscher Bedürfnisse abzuschreiben. Und vielleicht wäre nicht die unvernünftigste Weise, die Welt zu verändern, die, sie anders zu interpretieren.)

Bachelard untersucht die kulturelle Aneignung des Feuers unter dem Aspekt einer produktiven libidinösen Aneignung; dadurch ergibt sich eine fruchtbare Eröffnung der heuristischen Perspektive über die den Blick verengenden Dichotomien von Innen und Außen, Phantasie und Realität, Subjektivität und Objektivität hinaus. Bachelard zitiert einen südamerikanischen Mythos über die Gewinnung des Feuers, in der es der Mann ist, der der Frau den Besitz des Feuers abpreßt: „Er sprang sie an und packte sie. Er sagte ihr, er werde sie besitzen, wenn sie ihm nicht das Geheimnis des Feuers preisgebe. Nachdem die Frau mehrere Male zu entkommen versucht hatte, willigte sie ein. Sie setzte sich mit weitgespreizten Beinen auf den Boden, legte die Hände um den oberen Teil ihres Bauches und versetzte ihm einen heftigen Stoß, da rollte aus ihrem Geschlecht ein Feuerball auf den Boden. Es war nicht das Feuer, das wir heute kennen; es brannte nicht und brachte die Dinge nicht zum Kochen. Diese Eigenschaften gingen verloren, als die Frau es hergab; Ajijeko sagte indessen, er könne Abhilfe schaffen; er sammelte alle brennbaren Rinden und allen brennbaren Pfeffer und machte daraus und aus dem Feuer der Frau das Feuer, dessen wir uns heute bedienen“ (S. 51).

Diese Erzählung eines Mythos gibt uns nach Bachelards Auffassung „die eindeutige Beschreibung des Übergangs von der *Metapher zur Realität.* Es sei unterstrichen, daß sich dieser Übergang nicht, wie die realistische Deutung wahrhaben möchte, von der Wirklichkeit zur Metapher vollzieht, sondern ganz im Gegenteil ... von den Metaphern subjektiven Ursprungs zu einer objektiven Wirklichkeit: das Feuer der Liebe und das Feuer des Pfeffers setzen schließlich vereint das trockene Gras in Brand. Diese Absurdität ist es, die die Entdeckung des Feuers erklärt“ (S. 51).

Die Fixierung Freuds auf die Kultur als Effekt von Verzichtleistungen behindert seine Analyse der Kultur als in sich konflikthafte Produktion der Libido. (Es scheint, daß die in ihrem Stellenwert für das Freudsche Denken höchst zweifelhafte Theorie der Sublimierung keinen anderen Zweck hat, als dafür herzuhalten, die kulturelle Sphäre *an sich* zu dekonfliktualisieren.) Erst in seiner letzten großen Spekulation über den Charakter der Triebe, in „Jenseits des Lustprinzips", gelingt ihm die in ihrer Radikalität am weitesten gehende Annäherung an die Einsicht, daß die Konflikthaftigkeit (die sich für Freud immer als Dualismus der Triebe darstellt) im Trieb selber liegt, in der Sexualität, die – wie Foucault geschrieben hat (*Von der Subversion des Wissens,* Frankfurt/M. 1987, S. 31) – gleichzeitig „von nichts begrenzte Bewegung" und „von Anfang an und in ihrer Totalität ständiges Stoßen auf die Grenze ist". Wie sonst soll man die Konzeption eines Todestriebs verstehen, der zwar einerseits den Lebenstrieben entgegengesetzt (also scheinbar äußerlich) ist, andererseits jedoch den allgemeinen Charakter und die grundlegende Tendenz des Triebes überhaupt markiert, zu früheren Zuständen der Spannungslosigkeit zurückzukehren: In diesem Sinne ist der Todestrieb auch den Sexualtrieben inhärent. Damit ist aber auch deutlich, daß der Tod nicht das dem Leben absolut Fremde, das absolut Imkommensurable ist. Der Todestrieb markiert vielmehr gewissermaßen die Grenze, deren Überschreitung zum Wesen des Sexuellen gehört. Wenn man so will, könnte man auch sagen, der vermeintliche Dualismus von Eros und Todestrieb markiert auf pointierte Weise die dem Trieb eigene, inhärente Spannung (jene zwischen Bedürfnis und Wunsch), die den Menschen *treibt,* in der Suche nach dem Vor-*Bild* einer früheren vollkommenen Befriedigung seine Besetzungen immer wieder neu zu verschieben. Oder anders: Es gibt keinen anderen Weg zum authentischen Anfang als den Umweg über das Ende; jede Progression ist der Versuch einer Regression, und Regression gibt es nur als Progression. (Kleist und Kafka sind die beiden Dichter gewesen, die dieses menschliche Paradox immer wieder thematisiert haben.) Wahrscheinlich liegt letztlich darin auch das Geheimnis des Wiederholungszwangs.

VI. Die Interessenübertragung

Nachdem Freud im ersten Kapitel der „Traumdeutung" – der „Veröffentlichung, mit welcher" die Psychoanalyse „als etwas Neues vor die Welt tritt" (GW XIII, S. 405) dem Leser einen Überblick über die bisherige Behandlung des Traums in der wissenschaftlichen und nichtwissenschaftlichen Literatur gegeben hat, führt er in die Methode seiner Traumdeutung, und damit in die Methode der Psychoanalyse, ein. Er schreibt: „Ich werde also einen meiner eigenen Träume hervorsuchen und an ihm meine Deutungsweise erläutern." Und darauf nun folgt ein Satz, der unsere Aufmerksamkeit verdient: „Nun muß ich aber den Leser bitten, für eine ganze Weile meine Interessen zu den seinigen zu machen und *sich mit mir in die kleinsten Einzelheiten meines Lebens zu versenken,* denn *solche Übertragung* fordert gebieterisch das Interesse für die versteckte Bedeutung der Träume" (GW II/III, S. 110, Hervorhebung von mir).

Wir können, so sagt uns Freud also, die Psychoanalyse nicht verstehen, sie uns nicht aneignen, ohne daß wir eine Übertragung vornehmen. Wir sind es gewohnt, unter Übertragung jenes Phänomen zu verstehen, das uns in der Situation der analytischen Kur in Gestalt der Übertragungsneurose begegnet und unter dem man im allgemeinen die (unrealistische) Neuauflage einer primären, infantilen Beziehungsstruktur im Verhältnis zum Analytiker versteht, die es in der Therapie zu deuten und durchzuarbeiten gelte, um es so als einer überwundenen Vergangenheit zugehörig zu erkennen und zu überwinden. Diese spätere, von der Erfahrung der Kur ausgehende spezifische Bedeutung des Übertragungsbegriffs verdeckt leicht die weitaus allgemeinere Bedeutung der Übertragung als eine ubiquitär wirksame psychische Tendenz einerseits der Verschiebung von Besetzungenergien, andererseits der Wiederholung des Verdrängten. Es ist unschwer zu erkennen, daß im Begriff der Übertragung implizit die Auffassung von der Zeitlosigkeit des Unbewußten eingeschlossen ist.

Der letzte Absatz der „Traumdeutung" lautet (in Anspielung auf die zu Beginn diskutierte prophetische Funktion des Traumes): „Und der Wert des Traums für die Zukunft? Daran ist natürlich nicht zu denken. Man möchte dafür einsetzen: für die Kenntnis der Vergangenheit. Denn aus der Vergangenheit stammt der Traum in jedem Sinne. Zwar entbehrt auch der alte Glaube, daß der Traum uns die Zukunft zeigt, nicht völlig des Gehalts an Wahrheit. Indem uns der Traum einen Wunsch als erfüllt vorstellt, führt er uns allerdings in die Zukunft; aber diese vom Träumer für gegenwärtig genommene Zukunft ist durch den unzerstörbaren Wunsch zum Ebenbild jener Vergangenheit gestaltet" (GW II/III, S. 626). Anders gesagt: Wer die Vergangenheit kennt, kennt die Zukunft.

Aber Freud ist zum Zeitpunkt der Niederschrift der „Traumdeutung" erst am Anfang seiner Entschlüsselung der Vergangenheit; immer mehr wird ihm die Vergangenheitserforschung zur Rekonstruktion der Geschichte als einer universellen Mordgeschichte geraten. Übersetzen wir Freuds harmlose Aufforderung an den Leser, eine Übertragung vorzunehmen und „für eine ganze Weile meine Interessen zu den seinigen zu machen und sich mit mir in die kleinsten Einzelheiten meines Lebens zu versenken", so haben wir den späteren Satz der „Massenpsychologie" mitzudenken: „Die Identifizierung ist eben von Anfang an ambivalent, sie kann ebenso zum Ausdruck der Zärtlichkeit wie zum Wunsch der Beseitigung werden" (GW XIII, S. 116).

Die Übertragung hat überhaupt eine höchst zwiespältige Doppelrolle, die weit allgemeiner zu verstehen ist, als ihre buchhalterische Aufteilung in negative und positive Übertragung denken läßt. Einerseits ist die Übertragung die Bedingung der Kur (in unseren Zusammenhang übersetzt: die Bedingung der Aneignung der Psychoanalyse), andererseits tritt sie in den Dienst des Widerstands: „Es ist unleugbar, daß die Bezwingung der Übertragungsphänomene dem Psychoanalytiker die größten Schwierigkeiten bereitet, aber man darf nicht vergessen, daß gerade sie uns den unschätzbaren Dienst erweisen, die verborgenen und vergessenen Liebesregungen der Kranken aktuell und manifest zu machen, denn schließlich kann niemand *in absentia* oder *in effigie* erschlagen werden" (GW VIII, S. 374). Liest man, was Freud, zwölf Jahre nach dem Erscheinen der „Traumdeutung" über die „Dynamik der Übertragung" schreibt, so fällt die seltsame Begründung der therapeutischen Bedeutung der Übertragung auf: Was sind das für Liebesregungen, die, zumindest syntaktisch, das Erschlagenwerden *in praesentia* nach sich ziehen?

Als Freud diesen Aufsatz über die Übertragung veröffentlicht, ist die neugegründete Internationale Psychoanalytische Vereinigung zwei Jahre, der Bruch mit Adler, der gerade eben die „Gesellschaft für freie Psychoanalyse" gegründet hat, ein Jahr alt. Stekel trennt sich in diesem Jahr von der psychoanalytischen Bewegung, der Bruch mit Jung bahnt sich an. Klingt da nicht in den Formulierungen, in denen Freud die Probleme der Übertragung (oder sagen wir: die Tradierung der Psychoanalyse in der psychoanalytischen Bewegung) zu fassen sucht, eine Ahnung dessen an, daß die Geschichte der Psychoanalyse keine andere sein wird als die Urgeschichte der Menschheit, daß die Zukunft der Psychoanalyse – um die Schlußworte der „Traumdeutung" in einen neuen Zusammenhang zu gebrauchen – also sich als „Ebenbild jener Vergangenheit gestaltet". „Der Kranke", heißt es in „Jenseits des Lustprinzips" (GW XIII, S. 16), „kann von dem in ihm Verdrängten nicht alles erinnern, vielleicht gerade das Wesentliche nicht ... Er ist vielmehr genötigt, das Verdrängte als gegenwärtiges Erlebnis zu *wiederholen* ..." Der Arzt muß den Kranken „ein gewisses Stück seines vergessenen Lebens wiedererleben lassen und hat dafür zu sorgen, daß ein Maß von Überlegenheit erhalten bleibt, kraft dessen die anscheinende Realität doch immer wieder als Spiegelung einer vergessenen Vergangenheit erkannt wird. ... Das Unbewußte, das heißt das ‚Verdrängte', leistet den Bemühungen der Kur überhaupt keinen Widerstand, es strebt ja selbst nichts anderes an, als gegen den auf ihm lastenden Druck zum Bewußtsein oder zur Abfuhr durch die reale Tat durchzudringen. Der Widerstand in der Kur geht von denselben höheren Schichten und Systemen des Seelenlebens aus, die seinerzeit die Verdrängung durchgeführt haben. Da aber die Motive der Widerstände, ja diese selbst erfahrungsgemäß in der Kur zunächst unbewußt sind, werden wir gemahnt, eine Unzweckmäßigkeit unserer Ausdrucksweise zu verbessern. Wir entgehen der Unklarheit, wenn wir nicht das Bewußte und das Unbewußte, sondern das zusammenhängende *Ich* und das *Verdrängte* in Gegensatz zueinander setzen. ... dann erfassen wir sofort, der Wiederholungszwang ist dem unbewußten Verdrängten zuzuschreiben. Er konnte sich wahrscheinlich nicht eher äußern, als bis die entgegenkommende Arbeit der Kur die Verdrängung gelockert hatte" (GW XIII, S. 17 f.).

Samuel Weber (*Freud-Legende,* Wien 1989, S. 3 f.) hat uns auf die Ähnlichkeiten in den Formulierungen hingewiesen, mit denen Freud die IPV und das Ich als Organisationen beschrieben hat, die dem „freundschaftlichen Verkehr und zur gegenseitigen Unterstützung" dienen sollen (GW X, S. 86; über die IPV) bzw. „auf dem freien Verkehr und der Möglichkeit gegenseitiger Beeinflussung unter allen seinen Bestandteilen" beruhen (GW XIV, S. 125; über das Ich). Aber die IPV als kollektives Ich war nahezu von Anfang an weit entfernt vom Ideal einer freundlichen, durchlässigen Organisation und bewies damit, wie Weber (S. 4) konstatiert, „daß die ernsthafteste Bedrohung der Psychoanalyse nicht mehr ausschließlich von außen, sondern von innen kam“. Das Paradox einer Lehranalyse als möglicher Bedingung der Aufhebung dieser Bedrohungen von innen, d. h. der in der Tradierung der Psychoanalyse innewohnenden Übertragungsgefahren, erkennt man übrigens, wenn man die von Freud in „Erinnern, Wiederholen, Durcharbeiten“ gemachten Ratschläge auf eben die Lehranalyse anwendet: Der Arzt „richtet sich auf einen beständigen Kampf mit dem Patienten ein, um alle Impulse auf psychischem Gebiet zurückzuhalten, welche dieser aufs Motorische lenken möchte, und feiert es als einen Triumph der Kur, wenn es gelingt, etwas durch Erinnerungsarbeit zu erledigen, was der Patient durch eine Aktion abführen möchte. ... Vor der Schädigung durch die Ausführung seiner Impulse behütet man den Kranken am besten, wenn man ihn dazu verpflichtet, während der Dauer der Kur keine lebenswichtigen Entscheidungen zu treffen, *etwa keinen Beruf*, kein definitives Liebesobjekt zu wählen, sondern für alle diese Absichten den Zeitpunkt der Genesung abzuwarten“ (GW X, S. 133; Hervorhebung von mir).

Immer deutlicher verweist in Freuds Schriften, gerade in den sogenannten „kulturkritischen“, der dämonische Zug der Wiederholung auf die archaische Mördervergangenheit des Menschen oder – noch allgemeiner – auf den Todestrieb: „Die neue und merkwürdige Tatsache aber“, heißt es in „Jenseits des Lustprinzips“, „die wir jetzt zu beschreiben haben, ist, daß der Wiederholungszwang auch solche Erlebnisse der Vergangenheit wiederbringt, die keine Lustmöglichkeit enthalten, die auch damals nicht Befriedigungen, selbst nicht von seither verdrängten Triebregungen, gewesen sein können“ (GW XIII, S. 18). Deuten und Zur-Erinnerung-Bringen – man spürt es durch nahezu alle zitierten Formulierungen Freuds – wird geradezu zu einem Geschichtenerzählen wie das Schehererzades: während man dem Tod ins Auge blickt, den Tod doch zu überlisten.

VII. Jenseits von Moses: die historische Wahrheit der Psychoanalyse

„Wir wissen, daß die Toten mächtige Herrscher sind; wir werden vielleicht erstaunt sein zu erfahren, daß sie als Feinde betrachtet werden", schreibt Freud (GW IX, S. 66) in „Totem und Tabu", der Schrift, in der er die auf dem Urmord beruhende Urgeschichte des Menschen zu rekonstruieren sucht. Mit diesen Worten beschreibt und beschwört er zugleich sein eigenes Schicksal, das Schicksal desjenigen, der selber eine Urgeschichte, die Psychoanalyse, gestiftet hat. „Sie machen nämlich keinen Hehl daraus, daß sie sich vor der Gegenwart und der Wiederkehr des Geistes des Verstorbenen fürchten; sie üben eine Menge von Zeremonien, um ihn fernzuhalten, ihn zu vertreiben." (GW IX, S. 73) Freud schreibt dies über die „trauernden Wilden"; gemeint sein könnte ebensogut das Verhältnis der Psychoanalytiker zu ihm und damit zur Psychoanalyse. „Für das unbewußte Denken ist auch der ein Gemordeter, der eines natürlichen Todes gestorben ist, die bösen Wünsche haben ihn getötet", schreibt Freud (GW IX, S. 78), und: „Der Verlust des Liebesobjekts ist ein ausgezeichneter Anlaß, um die Ambivalenz der Liebesbeziehungen zur Geltung und zum Vorschein zu bringen" (GW X, S. 437). Wer die Regeln, Rituale und Vorschriften der psychoanalytischen Orthodoxie kennt, weiß, wie tief das Schuldgefühl sitzen muß. Warum hat Freud eine Urgeschichte nicht nur des Individuums, sondern eine kollektive Urgeschichte geschrieben? Vielleicht trifft auch auf ihn selbst das zu, was er über die Geschichtsschreibung der Völker sagt: „Es war unvermeidlich, daß diese Vorgeschichte eher ein Ausdruck der Meinungen … der Gegenwart als ein Abbild der Vergangenheit wurde …, und überdies schrieb man ja nicht Geschichte aus den Motiven objektiver Wißbegierde, sondern weil man auf seine Zeitgenossen wirken, sie aneifern, erheben *oder ihnen einen Spiegel vorhalten wollte.*" (GW VIII, S. 152; Hervorhebung von mir) Anders gesagt: Vielleicht gilt Freuds Vergangenheitsrekonstruktion vor allem der Reflexion über die Möglichkeiten des Überlebens der Psychoanalyse.

Um es vorweg zu sagen: Ich werde versuchen, die drei großen, ohnehin als „spekulativ" verschrieenen Freudschen Schriften „Totem und Tabu", „Jenseits des Lustprinzips" und „Der Mann Moses" durch die Brille einer weiteren Spekulation hindurch zu lesen: nicht allein als eine weitausholende Reflexion über die Bestimmtheit des Menschenschicksals durch seine biohistorische „Urgeschichte", sondern zugleich als eine Selbstreflexion des Schicksals der Psychoanalyse – als ein zu deutendes Orakel Freuds über sein eigenes Lebenswerk.

Nach Serge Moscovicis Auffassung (*Das Zeitalter der Massen,* Frankfurt/M. 1986, S. 288 f.) gibt es eine „Wende" der Freudsche Theorie: Sie besteht im Wechsel von einer „familiaristischen" speziellen psychoanalytischen Theorie zu einer allgemeinen, die sich in den sogenannten spekulativen kulturtheoretischen Schriften eröffnet, und in denen das familiare Muster der Konflikte nurmehr die Funktion einer bildhaften Analogie hat: „Von dem Tag an, da Freud die Hypothese von der Ermordung des Haustyrannen durch seine Söhne vorbringt, kippt alles, was vorher gewesen ist, um wie ein Vexierbild und weist in eine andere Richtung" (S. 288).

In der „Nachschrift" von 1935 zur 1925 publizierten „Selbstdarstellung" schreibt Freud (GW XVI, S. 32): „... es ist doch richtig zu sagen, daß ich seit der Aufstellung der zwei Triebarten (Eros und Todestrieb) und der Zerlegung der psychischen Persönlichkeit Ich, Über-Ich und Es (1923) keine entscheidenden Beiträge zur Psychoanalyse geliefert ..." Offenkundig benutzt Freud den Terminus „Psychoanalyse" hier in einem merkwürdig eingeschränkten Sinn – seine sogenannten kulturtheoretischen Arbeiten bezeichnet er wenig später als „von der Psychoanalyse ausgehende, aber *weit über sie hinausgreifende Studien*" (S. 33; Hervorhebung von mir) –, in einem Sinn also, der der Auffassung Moscovicis von einer Teilung der Psychoanalyse in eine spezielle und allgemeine als Indiz dienen kann. Freud fährt fort (S. 32 f.; Hervorhebungen von mir): „Dies hing mit einer Wandlung bei mir zusammen, mit einem Stück *regressiver Entwicklung,* wenn man es so nennen will. Nach dem *lebenslangen Umweg* über die Naturwissenschaften, Medizin und Psychotherapie war mein Interesse zu jenen kulturellen Problemen *zurückgekehrt,* die dereinst den kaum zum Denken erwachten Jüngling gefesselt hatten. Bereits mitten auf der Höhe der psychoanalytischen Arbeit, im Jahre 1912, hatte ich in ‚Totem und Tabu' den Versuch gemacht, die neu gewonnenen analytischen Einsichten zur Erforschung der Ursprünge von Religion und Sittlichkeit auszunützen. Zwei spätere Essays ‚Die Zukunft einer Illusion' 1927 und das ‚Unbehagen in der Kultur' 1930 setzten dann diese Arbeitsrichtung fort. Immer klarer erkannte ich, daß die Geschehnisse der Menschheitsgeschichte, die Wechselwirkungen zwischen Menschennatur, Kulturentwicklung und jenen Niederschlägen urzeitlicher Erlebnisse, als deren Vertretung sich die Religion vordrängt, nur die *Spiegelung* der dynamischen Konflikte zwischen Ich, Es und Über-Ich sind, welche die Psychoanalyse beim Einzelmenschen studiert, die gleichen Vorgänge, *auf einer weiteren Bühne wiederholt.* In der ‚Zukunft einer Illusion' hatte ich die Religion hauptsächlich negativ gewürdigt; ich fand später die Formel, die ihr bessere Gerechtigkeit erweist: ihre Macht beruhe allerdings auf ihrem Wahrheitsgehalt, aber diese Wahrheit sei keine materielle, sondern eine historische."

Im Zuge der Ergänzung der „Selbstdarstellung" durch eine Nachschrift erweitert Freud gleichzeitig auch den ursprünglichen Text, unter anderem um den Satz: „Frühzeitige Vertiefung in die biblische Geschichte, kaum daß ich die Kunst des Lesens erlernt hatte, hat, wie ich viel später erkannte, die Richtung meines Interesses nachhaltig bestimmt" (GW, Nachtragsband, S. 763). Sollte die regressive Entwicklung Freud zur Wahrheit der Religion geführt haben? Ich muß anders formulieren: Der Eindruck drängt sich auf, daß die „von der Psychoanalyse ausgehenden, aber weit über sie hinausgreifenden Studien", wie sie Freud nennt (wir erkennen in der Formulierung die Wendung der „weitausholenden Spekulation" des „Jenseits des Lustprinzips" wieder), daß diese Studien also, die schließlich im „Mann Moses" einmünden, darauf ausgerichtet sind, an der mächtigen Wahrheit der Religion teilzuhaben, indem sie deren Erzeugung und Tradierung historischer Wahrheit mimetisch sich zu eigen machen und so der Psychoanalyse etwas von deren Macht verleihen. In gewissem („hinkendem") Sinne (aber was wir nicht erfliegen können, *müssen* wir erhinken, wie der Dichter bekanntlich sagt) ist damit die hinausgreifende, weit ausholende Psychoanalyse gebaut, wie der Schachspielerautomat, von dem Walter Benjamin (GS I, S. 693) uns erzählt: „Bekanntlich soll es einen Automaten gegeben haben, der so konstruiert gewesen sei, daß er jeden Zug eines Schachspielers mit einem Gegenzug erwidert habe, der ihm den Gewinn der Partie sicherte. Eine Puppe in türkischer Tracht, eine Wasserpfeife im Munde, saß vor dem Brett, das auf einem geräumigen Tisch aufruhte. Durch ein System von Spiegeln wurde die Illusion erweckt, dieser Tisch sei von allen Seiten durchsichtig. In Wahrheit saß ein buckliger Zwerg darin, der ein Meister im Schachspiel war und die Hand der Puppe an Schnüren lenkte. Zu dieser Apparatur kann man sich ein Gegenstück in der

Philosophie vorstellen. Gewinnen soll immer die Puppe, die man ‚historischen Materialismus' nennt. Sie kann es ohne weiteres mit jedem aufnehmen, wenn sie die Theologie in ihren Dienst nimmt, die heute bekanntlich klein und häßlich ist und sich ohnehin nicht darf blicken lassen."

Die *materielle* Wahrheit, die Freud hinter und in der historischen Wahrheit der Religion entziffert, wäre selber wieder psychoanalytisch als historische Wahrheit zu dechiffrieren – freilich nicht im Namen einer definitiven materiellen Wahrheit. Sagen wir es zunächst allgemein: Die Wahrheit der Psychoanalyse liegt in der Historisierung jeder „materiell" erscheinenden Wahrheit. Die Psychoanalyse verkennt sich, wenn sie in Absetzung von der Religion – und in Verleugnung der eigenen Erkenntnisse – meint, historischer Wahrheit eine nichthistorische (eben materielle) entgegensetzen zu können. Die Wahrheit der Psychoanalyse über die Religion ist eine *andere* historische Wahrheit, eine, die nicht einmal in erster Linie die Religion, sondern vor allem die Psychoanalyse selbst betrifft. Dies wird am „Mann Moses" noch zu zeigen sein.

In „irgendeinem Grade", schreibt Walter Benjamin (GS IV, S. 21), „enthalten alle großen Schriften, im höchsten aber die heiligen, zwischen den Zeilen ihre virtuelle Übersetzung". Diese virtuelle Übersetzung der Heiligen Schrift auf ihre ursprüngliche Wahrheit hin ist Freuds Ziel. Wer diese Rede von den heiligen Schriften für Obskurantismus hält, der sei an Freuds Auffassung vom Text des Traumes erinnert, wie er sie in der „Traumdeutung" (GW II/III, S. 518) in Abgrenzung zur Meinung anderer Autoren über das Phänomen des Traumes resümiert: „Jede Analyse könnte mit Beispielen belegen, wie gerade die geringfügigsten Züge des Traumes zur Deutung unentbehrlich sind ... Die gleiche Würdigung haben wir bei der Traumdeutung jeder Nuance des sprachlichen Ausdrucks geschenkt, in welchem der Traum uns vorlag; ja, wenn uns ein unsinniger oder unzureichender Wortlaut vorgelegt wurde, als ob es der Anstrengung nicht gelungen wäre, den Traum in die richtige Fassung zu übersetzen, haben wir auch diese Mängel des Ausdrucks respektiert. Kurz, was nach Meinung der Autoren eine willkürliche, in der Verlegenheit eilig zusammengebraute Improvisation sein soll, das haben wir behandelt wie einen heiligen Text." In der jüdischen Tradition ist, wie Gershom Scholem (*Über einige Grundbegriffe des Judentums,* Frankfurt/M. 1970, S. 101) schreibt, „nicht das System, sondern der Kommentar die legitime Form, unter der die Wahrheit entwickelt werden kann. ... Die Wahrheit muß an einem Text entfaltet werden, in dem sie vorgegeben ist." Und in der Tat liest sich sich die „Traumdeutung" in ihrer detailbesessenen Auslegung des verstellten Sinnes der Traumtexte wie ein Tora-Kommentar. Und es ist, als ob Freud das kommentierende Zwischen-den-Zeilen-Lesen des Deutens und Rekonstruierens in ein physikalisches Bild übersetzt, wenn er im siebten Kapitel der „Traumdeutung" – über deren Vorfassung Freud an Fließ (7.7.98) schreibt, sie sei „ganz dem Unbewußten nachgeschrieben" und er habe bei „keinem Absatzanfang" gewußt „wo ich landen werde" – versucht, „eine anschauliche Vorstellung" des psychischen Apparats zu geben. Dort erinnert er den Leser daran, „daß Vorstellungen, Gedanken, psychische Gebilde im allgemeinen überhaupt nicht in organischen Elementen des Nervensystems lokalisiert werden dürfen, sondern sozusagen *zwischen ihnen*, wo Widerstände und Bahnungen das ihnen entsprechende Korrelat bilden. Alles, was Gegenstand unserer inneren Wahrnehmung werden kann, ist *virtuell,* wie das durch den Gang der Lichtstrahlen gegebene Bild im Fernrohr" (GW II/III, S. 615f.).

Freuds Frage in seiner „positiven" Würdigung der Religion lautet: Woher nimmt die Religion ihre Traditionsmacht? Und er findet die Antwort darin, daß die religiösen Phänomene „kraft ihres Gehalts an historischer Wahrheit auf die Menschen wirken" (GW XVI, S. 160). „So wie die Äußerungen des Lebens innigst mit dem Lebendigen zusammenhängen, ohne ihm etwas zu bedeuten, geht die Übersetzung aus dem Original hervor. Zwar nicht aus seinem Leben so sehr denn aus seinem ‚Überleben'", heißt es bei Benjamin (GS IV, S. 10). Es hat also allen Anschein, als wenn die historische Wahrheit einen Übersetzungssog entwickelte, der ihr das Fortleben garantierte. Freud behauptet, die historische Wahrheit zurückzuübersetzen in die materielle Wahrheit. Aber die Fortpflanzungskraft der Wahrheit ist offenbar an ihre historische, nicht aber an ihre materielle Gestalt gebunden, wie Freud selbst feststellt, wenn er über die Frommgläubigen im „Mann Moses" (GW XVI, S. 237 f.) schreibt:

„Sie sagen, die Idee eines einzigen Gottes hat darum so überwältigend auf die Menschen gewirkt, weil sie ein Stück der ewigen *Wahrheit* ist, die, lange verhüllt, endlich zum Vorschein kam und dann alle mit sich fortreißen mußte. Wir müssen zugeben, ein Moment dieser Art ist endlich der Größe des Gegenstands wie des Erfolgs angemessen. Auch wir möchten diese Lösung annehmen. Aber wir stoßen auf ein Bedenken. Das fromme Argument ruht auf einer optimistisch-idealistischen Voraussetzung. Es hat sich sonst nicht feststellen lassen, daß der menschliche Intellekt eine besonders feine Witterung für die Wahrheit besitzt und daß das menschliche Seelenleben eine besondere Geneigtheit zeigt, die Wahrheit anzuerkennen. Wir haben eher im Gegenteil erfahren, daß unser Intellekt sehr leicht ohne alle Warnung irre geht und daß nichts leichter von uns geglaubt wird, als was, ohne Rücksicht auf die Wahrheit, unseren Wunschillusionen entgegenkommt. Darum müssen wir unserer Zustimmung eine Einschränkung anfügen. Wir glauben auch, daß die Lösung der Frommen die Wahrheit enthält, aber nicht die *materielle*, sondern die *historische* Wahrheit. Und wir nehmen uns das Recht, eine gewisse Entstellung zu korrigieren, welche diese Wahrheit bei ihrer Wiederkehr erfahren hat."

Die Wahrheit der Religion ist nicht *an sich* gegeben, sondern ist gebunden an ihre Wiederkehr – setzen wir getrost dafür Wiederholung ein – und an ihre Entstellung. Warum sollte es sich bei der Wahrheit der Psychoanalyse anders verhalten? Indem wir Freud zugleich auf und zwischen den Zeilen lesen, leisten wir Traditions-, also Übersetzungsarbeit (an) der historischen Wahrheit Freuds – ganz analog zu Freuds Deutungsarbeit an der Wahrheit des Mann Moses und seiner monotheistischen Religion. Über die Rekonstruktion einer urgeschichtlichen Horde mit einem tyrannischen Vater als deren Oberhaupt schreibt Freud in „Totem und Tabu" (GW IX, S. 172) in einer Fußnote: „Es wäre ebenso unsinnig, in dieser Materie Exaktheit anzustreben, wie es unbillig wäre, Sicherheiten zu fordern." Doch das hindert – wie wir aus der „Traumdeutung" wissen – den Fortgang der Deutung keineswegs, im Gegenteil: „Ich verlange darum bei der Analyse eines Traums, daß man sich von der ganzen Skala der Sicherheitsschätzung frei mache, die leiseste Möglichkeit, daß etwas der oder jener Art im Traum vorgekommen sei, behandle wie die volle Gewißheit. Solange jemand bei der Verfolgung eines Traumelements sich nicht zum Verzicht auf diese Rücksicht entschlossen, so lange stockt hier die Analyse" (GW II/III, S. 521).

Kommen wir noch einmal zurück auf das ausführliche Zitat, das ich einige Seiten zuvor aus Freuds „Nachschrift zur Selbstdarstellung" angeführt hatte. Nicht nur die Formulierung, in der Freud seine Kulturtheorie als weit über die Psychoanalyse hinausgreifende Studien bezeichnet, verweist auf die „weitausholende Spekulation" über das Jenseits des Lustprinzips. Freud bringt sein Interesse für die Genese der Kultur mit einer regressiven Interessenbewegung zusammen, die nach einem „lebenslangen Umweg über die Naturwissenschaften, Medizin und Psychotherapie" sich durchgesetzt hätte. Und dann folgt die Verknüpfung zwischen individueller und kollektiver Geschichte in Form der Behauptung, daß die erstere die letztere „auf einer weiteren Bühne wiederholt". Freud wendet offensichtlich seine Behauptungen über den Charakter der Triebe nicht nur auf die Gegenstände der Psychoanalyse an, sondern auf den Gang des psychoanalytischen Forschens selbst. Die Stichworte lauten: Wiederholung – Rückkehr zu Früherem – lebenslanger Umweg.

Anhand des zweiten Kapitels von „Jenseits des Lustprinzips", in dem Freud das bei Psychoanalytikern mindestens ebensosehr wie bei Kindern beliebte Fort-Da-Spiel seines Enkels schildert und deutet, hat Derrida die mimetisch-literarische Struktur dieses Textes dargestellt: „Bis hin zu den Einzelheiten beobachten wir, wie die Beschreibung des Spiels des Enkels: ‚fort/da' sich mit dem spekulativen Spiel des Großvaters, der an der Arbeit vom ‚Jenseits' sitzt (beide ebenso kreativ wie sich wiederholend) überschneidet" (zit. nach P. J. Mahony, Der Schriftsteller Sigmund Freud, Frankfurt/M. 1989, S. 48f.). Patrick Mahony (Kap. 2) hat auf außerordentlich treffende Weise gezeigt, wie Freud den „Zauderrhythmus" des Lebens sowohl darzustellen als auch nachzuahmen versucht: „Dieser Zauderrhythmus beherrscht auch Freuds Prosasprache, wenn er sich mit dem hin und her schwankenden Rhythmus der Triebe befaßt. Sogar die Lebenstriebe, denen Freud eine eindeutig vorwärts gerichtete Bewegung zugesprochen hatte, haben ihre Gegenbewegung" (S. 61). Diese mimetische Struktur, die das Moment der Selbstreflexion der Psychoanalyse in sich trägt, läßt sich ebenfalls in der Schrift über den „Mann Moses" nachweisen. Der Rekurs auf „Jenseits des Lustprinzips" soll uns helfen, den „Mann Moses" zu deuten. Versuchen wir also die Psychoanalyse unter den Perspektiven von *Umweg* und *Wiederholung* zu betrachten.

„Du mußt es dreimal sagen" ist eines von Freuds Lieblingszitaten aus dem „Faust"; Freud sagt „es" mehr als dreimal: Gerade den sogenannten kulturtheoretischen Schriften, von Freud als weit über die Psychoanalyse hinausgreifend, gleichsam in einem *Jenseits der Psychoanalyse,* irgendwo zwischen Trauma, Kinderspiel und Wiederholungszwang, angesiedelt, eignet ein besonderes Maß von Repetitivität und wechselseitigem Zitat. Mit dieser Wiederholungsstruktur hat es offensichtlich seine besondere Bewandtnis.

Pierre Passett hat in seinem Aufsatz über „Die Aufhebung des Widerspruchs in der Bewegung" (in: *Sexualität,* hg. vom Psychoanalytischen Seminar Zürich, Frankfurt/M. 1986, S. 171) vor dem leichtsinnigen Gebrauch der Floskel „bloße Wiederholung" nachdrücklich gewarnt. Er schreibt: „Aber was soll das heißen, ‚bloße Wiederholung‘? Ist nicht jede Wiederholung etwas Neues und alles Neue eine Wiederholung? Gerade in der Wahrnehmung der Nichtidentität von sich noch so ähnlich erscheinenden Wiederholungen konstituiert sich doch Geschichte und im notwendig Anderen jeder Wiederholung erkennen wir das Neue.“ Und Passett fügt die Fußnote an: „Dies kommt in frappanter Weise in jenem geflügelten Wort zum Ausdruck, das, je nach Argumentationslage entweder so zitiert wird: ‚Die Geschichte wiederholt sich nicht‘, oder so: ‚Die Geschichte wiederholt sich immer‘, und das in beiden Formen als zutreffend anerkannt wird.“ Lyotard (*Streifzüge*, Wien 1989, S. 27 f.) zielt ebenso auf dieses Verständnis der Wiederholung, wenn er behauptet, „daß jedes Denken in einem Wieder-Denken besteht und daß es nichts gibt, dessen Darstellung man als ‚erstere‘ bezeichnen könnte. Jedes Auftreten von etwas wiederholt etwas anderes, jedes Vorkommen *(occurrence)* ist ein Zurückgreifen *(recurrence)*, und zwar überhaupt nicht in dem Sinn, daß es Wiederholung derselben Sache oder Wiederaufführung desselben Stücks sein könnte, sondern im Sinne des Freudschen Begriffs nachträglich: der erste Eindruck berührt unser Bewußtsein zu früh und der zweite zu spät, so daß das erste Mal einem noch nicht gedachten Gedanken gleicht, das zweite Mal aber einem ungedachten, später zu denkenden Gedanken“.

Den Doppelcharakter der Wiederholung in bezug auf Alt und Neu muß auch Freud anerkennen, wenn er in „Jenseits des Lustprinzips“ über die Sexualtriebe schreibt: „Sie sind in demselben Sinne konservativ wie die anderen, indem sie frühere Zustände der lebenden Substanz wiederbringen, aber sie sind es in stärkerem Maße, indem sie sich als besonders resistent gegen äußere Einwirkungen erweisen, und dann noch in einem weiteren Sinne, da sie das Leben selbst für längere Zeiten erhalten“ (GW XIII, S. 42f.). Und Freud fügt die Fußnote hinzu: „Und doch sind sie es, die wir allein für eine innere Tendenz zum ‚Fortschritt‘ und zur Höherentwicklung in Anspruch nehmen können!“ (S. 43). Auch den Sexualtrieben als den „eigentlichen Lebenstrieben“ (S. 43) eignet damit einerseits das konservative Moment (konservativ allerdings nicht nur in ihrer regressiven Insistenz, sondern auch hinsichtlich der Erhaltung des Lebens), das Freud auf den Todestrieb konzentrieren möchte, andererseits sind sie die vorandrängenden Triebe *par excellence*. Die theoretische Triebentmischung will nicht recht gelingen, auch wenn Freud das Vor und Zurück der Triebe gerne auf zwei verschiedene Triebarten aufgeteilt wissen möchte, statt es als zwei Aspekte des Triebhaften überhaupt aufzufassen. „Es ist wie ein Zauderrhythmus im Leben der Organismen; die eine Triebgruppe stürmt nach vorwärts, um das Endziel des Lebens möglichst bald zu erreichen, die andere schnellt an einer gewissen Stelle dieses Weges zurück, um ihn von einem bestimmten Punkt an nochmals zu machen und so die Dauer des Weges zu verlängern" (S. 43). Auch das Wesen des Wunsches ist nicht ohne den Aspekt der Wiederholung, ohne die Vermischung von Vor und Zurück zu begreifen: In der Arbeit über den „Dichter und das Phantasieren" zeigt Freud (GW VII, S. 218), „wie der Wunsch einen Anlaß der Gegenwart benützt, um sich nach dem Muster der Vergangenheit ein Zukunftsbild zu entwerfen". Die Wandlungen des Wunsches sind notgedrungen Wiederholungen, die Wiederholungen aber auch Wandlungen. Es gehört zum Wunsch, daß er auf Umwegen wiederholen muß und so sich wandelt. Die Wiederholung ist nicht einfach dasselbe des Früheren, in der Wiederholung zeigt sich jedoch das Insistieren (verdrängter oder überlebt geglaubter Wünsche) bis zum Eindruck der Unheimlichkeit. „Als ich einst an einem heißen Sommertag die mir unbekannten, menschenleeren Straßen einer italienischen Kleinstadt durchstreifte", erzählt uns Freud (GW XII, S. 249), „geriet ich in eine Gegend, über deren Charakter ich nicht lange in Zweifel bleiben konnte. Es waren nur geschminkte Frauen an den Fenstern der kleinen Häuser zu sehen, und ich beeilte mich, die enge Straße durch die nächste Einbiegung zu verlassen. Aber nachdem ich eine Weile führerlos herumgewandert war, fand ich mich plötzlich in derselben Straße wieder, in der ich nun Aufsehen zu erregen begann, und meine eilige Entfernung hatte nur die Folge, daß ich auf einem neuen Umwege zum drittenmal dahingeriet. Dann aber erfaßte mich ein Gefühl, das ich nur als unheimlich bezeichnen kann ..."

Im „Nachwort zur ‚Frage der Laienanalyse'" schreibt Freud über seinen Werdegang: „Ich bin Arzt geworden durch eine mir aufgedrängte Ablenkung meiner ursprünglichen Absicht, und mein Lebenstriumph liegt darin, daß ich nach großem Umweg die anfängliche Richtung wieder gefunden habe. ... In den Jugendjahren wurde das Bedürfnis, etwas von den Rätseln dieser Welt zu verstehen und vielleicht selbst etwas zu ihrer Lösung beizutragen, übermächtig" (GW XIV, S. 290). Die Rückkehr auf Umwegen gehört offenbar zum innersten Wesen von Freuds Interessen – sie haben sich auf Umwegen gewandelt (oder sollte man sagen: sie sind auf Umwegen gewandelt?) und sich gerade so, in ihrer Ablenkung, treu geblieben.

Wiederholung, Ablenkung und *Umweg* sind die Charakteristika der Bewegungen des Wunsches – und des Denkens, das seine Abkunft vom Wunsch nicht verleugnet. „All die komplizierte Denktätigkeit aber ... stellt doch nur einen ... *Umweg zur Wunscherfüllung* dar", heißt es bekanntlich in der „Traumdeutung" (GW II/III, S. 572) –, notabene einen *Umweg* zu einer Wunscherfüllung, die selber nur als Umweg gedacht werden kann. „Eine Zeitlang hindurch mag die so lebende Substanz immer wieder neu geschaffen worden und leicht gestorben sein, bis sich maßgebende äußere Einflüsse so änderten, daß sie die noch überlebende Substanz zu immer größeren Ablenkungen vom ursprünglichen Lebensweg und zu immer komplizierteren Umwegen bis zur Erreichung des Todeszieles nötigten." Sollten wir hier die Spekulation anfügen, daß es zum Wesen der historischen Wahrheit im Gegensatz zur materiellen gehört, ebenfalls Umwegbewegungen zu folgen, daß jedoch deren Weg zu einer (mit sich selbst identischen) materiellen Wahrheit nur zu jenem tödlichen Ende führen kann, das Freud am urgeschichtlichen Anfang ansiedelt und dessen Wiederkehr an seiner eigenen Kreation, der Psychoanalyse, er ins Auge fassen muß? Es ist paradox: Gerade in seiner Parteinahme für die faktische, materielle Wahrheit seiner Urgeschichtsrekonstruktion vollzieht Freud auf mimetische Weise ein Plädoyer für die Historisierung der Wahrheit als notwendigen Umweg für das Überleben von Wahrheit überhaupt.

Der Umweg ist das Ziel. Wie auf die Straße mit den Prostituierten, so stößt Freud hartnäckig immer wieder auf – das Rätsel der Religion, so wenig verlockend es ihm auch erscheint, „den Scholastikern und Talmudisten angereiht zu werden" (GW XVI, S. 115). Und auch wenn er befürchten muß, daß – wie bei der Rekonstruktion der Urszene in der „Geschichte einer infantilen Neurose" – an der „Stelle, an der ich die Anlehnung an den Verlauf der Analyse verlassen muß ... der Glaube der Leser mich verlassen wird" (GW XII, S. 63), ist der Drang „zur konsequenten Ausbeutung einer Idee, aus Neugierde, wohin dies führen wird", wie es im „Jenseits des Lustprinzips" (GW XIII, S. 23) heißt, offensichtlich stärker.

Übernehmen wir für einen Moment diese Neugierde. Im Zentrum der Geschichtsrekonstruktion von „Totem und Tabu" steht der Mord am Urvater und sein Verzehr in der Totemmahlzeit – die orale Aneignung des Vaters, die Identifikation durch den Mund. Sollen wir es wagen, Freuds Namensabkürzung – Sig(is)m.(und) – als Verkneifen des Mundes zu deuten, als Abwehr des Wunsches zu fressen und der Gefahr, gefressen zu werden? Das ist ein arger Kalauer, aber schließlich weist uns Freud selbst darauf hin, daß jedenfalls „für die Wilden der Name ein wesentliches Stück und ein wichtiger Besitz der Persönlichkeit ist, daß sie dem Worte volle Dingbedeutung zuschreiben“ (GW IX, S. 71). Und auch „der zivilisierte Erwachsene“ muß sich von Freud daran erinnern lassen, „daß sein Name in einer ganz besonderen Art mit seiner Person verwachsen ist“ (GW IX, 72). Ist es aber auch wieder ein bloßer Kalauer, darauf hinzuweisen, daß das „Da“, mit dem das Kind die weggeworfene Spule beim Herbeiziehen begrüßt, nicht irgendeines, sondern ein *„freudiges“* (GW XIII, S. 12) ist?

Wir wollen solche Details nicht vernachlässigen, denn – so erklärt uns Freud bekanntlich in der „Traumdeutung“ – es hat sich gezeigt, „wie gerade die geringfügigsten Züge des Traums zur Deutung unentbehrlich sind, und wie die Erledigung der Aufgabe verzögert wird, indem sich die Aufmerksamkeit solchen erst spät zuwendet“ (GW II/III, S. 518). Und er gibt noch einen technischen Rat: „Wenn mir der Bericht eines Traums zuerst schwer verständlich erscheint, so bitte ich den Erzähler, ihn zu wiederholen. Das geschieht dann selten mit den nämlichen Worten. Die Stellen aber, an denen er den Ausdruck verändert hat, die sind mir als die schwachen Stellen der Traumverkleidung kenntlich gemacht worden ...“ (GW II/III, S. 519). Und auch im „Mann Moses“ erklärt Freud noch einmal – freilich nicht in bezug auf den eigenen Text – „auffällige Lücken, störende Wiederholungen, greifbare Widersprüche“ zu denjenigen „Anzeichen, die uns Dinge verraten, deren Mitteilung nicht beabsichtigt war“ (GW XVI, S. 144).

Nun ist „Der Mann Moses“ nicht nur in sich äußerst repetitiv (darüber wird ebenfalls noch zu sprechen sein) – ganz im Gegensatz zum dogmatisch rekapitulierenden „Abriß der Psychoanalyse“ –, sondern besteht auch aus einer äußeren Wiederholung. Die ersten beiden Kapitel der „Drei Abhandlungen“ über Moses – dies eine an die Frühzeiten der Psychoanalyse anknüpfende Wiederholung in einem Buch über die Frühzeiten der monotheistischen Religion – sind bekanntlich zuvor bereits in der Zeitschrift „Imago“ erschienen und werden nahezu unredigiert in das Buch übernommen. Doch achten wir auf die Details in der Wiederholung: Im Buch wird der Text des ersten Kapitels gegenüber der Zeitschriftenfassung um die Fußnote erweitert: „Obwohl die Vermutung, daß Moses ein Ägypter war, von den ältesten Zeiten bis zur Gegenwart häufig genug ohne Berufung auf den Namen geäußert wurde“ (GW XVI, S. 106). Wiederum geht es um einen Namen, aber in dem Sinne, daß der Beweis der Wahrheit der These, daß Moses kein Jude war, unabhängig von der Herkunft des Namens ist. Eine Unstimmigkeit bezüglich einer angeblichen Wiederholung einer Feststellung über Namen findet sich im zweiten Kapitel: „Die Behauptung der Tradition, Moses war ein Levit, scheint eine durchsichtige Entstellung des Sachverhalts: Die Leviten waren die Leute des Moses. Diese Lösung wird durch die bereits in meinem früheren Aufsatz erwähnte Tatsache gestützt, daß einzig unter den Leviten später noch ägyptische Namen auftauchen" (GW XVI, S. 138). Nur – die Erwähnung dieser Tatsache ist keineswegs im früheren Aufsatz enthalten.

Diese Details sollten unser Interesse wecken, beim Namensthema noch eine Weile zu verbleiben, auch wenn dergleichen Analysen in der Regel sich dem Verdacht aussetzen, überflüssigen Scharfsinn noch dazu am untauglichen Gegenstand beweisen zu wollen.

Erinnern wir uns, daß der Fort-Da spielende Knabe nicht nur ein im totemistischen Sinne frommes Kind war – er „befolgte gewissenhaft die Verbote, manche Gegenstände zu berühren" (GW XIII, S. 12), sondern auch Freuds Enkel Ernst, der Sohn seiner Tochter Sophie (vgl. E. Jones, *Sigmund Freud,* Bd. 3, München 1984, S. 58.). Der kleine Ernst trug natürlich den Namen des Vaters, Halberstadt, der Name des Großvaters war also verschwunden, doch im „*freudigen* ‚Da'" taucht dieser wieder auf.

Gehen wir nun noch einmal zurück zum „Mann Moses". Dort legt Freud zunächst ausführlich dar, daß der Name Moses aus dem Ägyptischen stamme und vor daher auf die ägyptische Abstammung seines Trägers zu schließen sei. Dann führt er die Analyse der Aussetzungssage als zweiten Beweis für die bereits im Titel des ersten Kapitels „Moses ein Ägypter" vorweggenommene These an. Freud bezieht diese Sage auf den Familienroman und unternimmt die Deutung, „daß die erste Familie, die, aus der das Kind ausgesetzt wird, in allen Fällen, die sich verwerten lassen, die erfundene ist, die spätere aber, in der es aufgenommen wird und aufwächst, die wirkliche. Haben wir den Mut, diesen Satz als eine Allgemeinheit anzuerkennen, der wir auch die Mosessage unterwerfen, so erkennen wir mit einem Male klar: Moses ist ein – wahrscheinlich vornehmer – Ägypter, der durch die Sage zum Juden gemacht werden soll. Und das wäre unser Resultat! Die Aussetzung im Wasser war an ihrer richtigen Stelle; um sich der neuen Tendenz zu fügen, mußte ihre Absicht, nicht ohne Gewaltsamkeit, umgebogen werden; aus einer Preisgabe wurde sie zum Mittel der Rettung" (GW XVI, S. 112). Rank, Adler und insbesondere Jung – die Namen, die für Freuds Versuch stehen, die Psychoanalyse in seinem Namen über seinen Tod hinaus zu retten – wurden zu Namen, die für den Verrat an der Psychoanalyse stehen. Man hat den Eindruck, daß Freud im „Mann Moses“ eine andere Möglichkeit der Tradierung durchspielt: die Rettung durch Preisgabe.

In der Religionsstiftung durch Moses scheint Freud ein faszinierendes Modell für die Fortpflanzung seiner Wissenschaft gefunden zu haben: Nur gilt es – im Erkennen der Wahrheit der Religion –, den faktischen Mord an der Sache in jenen symbolischen Mord an der Sache zu verwandeln, der das Fort-Da-Spiel ist. Bei Lacan (Schriften I, Frankfurt/M., S. 166) heißt es, wie man weiß: „Das Symbol stellt sich so zunächst als Mord der Sache dar“, und, so führt Lacan den Satz zu Ende, „dieser Tod konstituiert im Subjekt die Verewigung seines Begehrens.“

„... versuche man ernst zu machen mit der Annahme, daß Moses ein vornehmer Ägypter war, so ergeben sich sehr interessante und weitreichende Perspektiven“, schreibt Freud gegen Schluß des ersten Kapitels des „Mann Moses“. Aber sogleich, angeblich mangels weiterer objektiver Beweise, wirft Freud seine These *fort:* „... und darum soll die Mitteilung aller weiterer Schlüsse aus der Einsicht, daß Moses ein Ägypter war, besser unterbleiben“ (GW XVI, S. 113). Doch am Faden des Konditionalis der Überschrift des zweiten Kapitels „Wenn Moses ein Ägypter war...“ holt er die Spule seiner These sogleich wieder hervor. Die angeblich großen stilistischen Mängel des Moses-Buches erweisen sich als eine spielerische Bewegung, die dem erstarrten und mumifizierten „Abriß der Psychoanalyse“ völlig abgehen und es um so unverständlicher macht, daß Ilse Grubrich-Simitis (*Freuds Moses-Studie als Tagtraum,* in: Psyche 6/90, S. 507) diesem Text zusammen mit den „Elementary Lessons in Psychoanalysis“ attestiert, daß darin „Klarheit und maßvolle Souveränität des Mitgeteilten zeigen, daß Freud vor seinem Tode, dank Selbstanalyse und Errettung aus der Verfolgung, sich befreit im metaphorischen Spielraum bewegte“. (Daß natürlich gerade die Orthodoxie den „Abriß“ der Psychoanalyse – oder wo sonst sollte man die Anführungszeichen enden lassen? – sowohl liebt als auch betreibt, ist ein fast offenes Geheimnis.)

Im Spiel mit den Namen nimmt Freud – in einem „Zauderrhythmus“ wie jenem des „Jenseits des Lustprinzips“ – ein symbolisierendes Spiel mit der mörderischen Ambivalenz der Identifikation auf (was identifiziert schließlich mehr als ein Name?) – wir dürfen spekulieren: um die Gefahr dieser Ambivalenz für die Psychoanalyse zu bannen.

„Es ist bei der Entstellung eines Textes ähnlich wie bei einem Mord“, schreibt Freud (GW XVI, S. 144). „Die Schwierigkeit liegt nicht in der Ausführung der Tat, sondern in der Beseitigung ihrer Spuren. Man möchte dem Worte ‚*Entstellung*‘ den Doppelsinn verleihen, auf den es Anspruch hat. Es sollte nicht nur bedeuten: in seiner Erscheinung verändern, sondern auch: an eine andere Stelle bringen...“ Es ist eine entstellte Errettung der Psychoanalyse, die Freud unternimmt: Er verwirft seinen Namen und holt die Psychoanalyse als *freudiges Da* wieder ein: Die Psychoanalyse als Ent-wurf und Wieder-holung.

Im „Jenseits des Lustprinzips“ bringt Freud die endlosen Wiederholungen der Kinderspiele, die dem Lustprinzip nicht wiedersprechen, in einen scharfen Gegensatz zum Wiederholungszwang der Neurotiker, der sich in jeder Hinsicht über das Lustprinzip hinaussetze. Und er schreibt: „Der Kranke benimmt sich dabei völlig infantil“ – eine Formulierung die erstaunt, will Freud doch gerade den Kranken vom Kind unterscheiden – „und zeigt uns so, daß die verdrängten Erinnerungsspuren seiner urzeitlichen Erlebnisse nicht im gebundenen Zustande in ihm vorhanden, ja gewissermaßen des Sekundärvorgangs nicht fähig sind. Dieser Ungebundenheit verdanken sie auch ihr Vermögen, durch Anheftung an die Tagesreste eine im Traum darzustellende Wunschphantasie zu bilden“ (GW XIII, S. 37). Freud aber scheint es im „Mann Moses“ gelungen zu sein, den Unterschied von Kind und Krankem zu überwinden und den drohenden Mord an der Psychoanalyse als symbolischen Mord spielerisch selbst zu vollziehen, um ersteren damit abzuwehren.

Das Versteckspiel mit dem Namen kann, wir haben es schon bei Odysseus’ Täuschung des Polyphem gesehen, lebensrettend, die namentliche Identifikation lebensgefährlich sein: Ach, wie gut, daß niemand weiß ... Freud belehrt uns in „Totem und Tabu“ (GW IX, S. 10): „Um einem Feinde zu schaden, kann man sich auch eines anderen Verfahrens bedienen. Man bemächtigt sich seiner Haare, Nägel, Abfallstoffe oder selbst eines Teiles seiner Kleidung und stellt mit diesen Dingen etwas Feindseliges an. Es ist dann gerade so, als hätte man sich der Person bemächtigt, und was man den von der Person herrührenden Dingen angetan hat, muß ihr selbst widerfahren. Zu den wesentlichen Bestandteilen einer Persönlichkeit gehört nach der Anschauung der Primitiven ihr Name; wenn man also den Namen einer Person oder eines Geistes weiß, hat man eine gewisse Macht über den

Träger des Namens erworben. Daher die merkwürdigen Vorsichten und Beschränkungen im Gebrauche der Namen ...“

Wem das Namensverwirrspiel in meinen Ausführungen zu abstrus erscheint, der sei mindestens daran erinnert, daß die Namensersetzung und -wiederkehr auch im völlig manifesten Text des „Mann Moses“ eine große Rolle spielt. Ich will nur wenige Beispiele zitieren: Um das Jahr 1375 v. Chr. kommt „ein junger Pharao auf den Thron, der zuerst Amenhotep (IV.) hieß wie sein Vater, später aber seinen Namen änderte, und nicht bloß seinen Namen“ (GW XVI, S. 118). „Ein uralter Name des Sonnengottes *Aton* oder *Atum* wurde neu hervorgeholt ...“ (S. 119). „Im sechsten Jahre der Regierung Amenhoteps war die Verfeindung so weit gediehen, daß der König seinen Namen änderte, von dem der nun verpönte Gottesname Amon ein Teil war. Er nannte sich anstatt *Amenhotep* jetzt *Ikhnaton*“ (S. 121). Freud fügt hier die nicht der Ironie entbehrende Fußnote an: „Der neue Name des Königs bedeutet ungefähr dasselbe wie sein früherer: Gott ist zufrieden“ (S. 121). Und weiter heißt es im Haupttext: „Aber nicht nur aus seinem Namen tilgte er den des verhaßten Gottes aus, sondern auch aus allen Inschriften und selbst dort, wo er sich im Namen seines Vaters *Amenhotep* III. fand“ (S. 121). „Jahve versichert, daß er schon der Gott dieser Väter gewesen sei; freilich, muß er selbst zugeben, hätten sie ihn nicht unter diesem seinen Namen verehrt“ (S. 145). Ich breche hier willkürlich ab, ohne Anspruch auf nur annähernde Vollständigkeit der Belegstellen.

Entscheidend ist, daß sich unter dem Spiel dieser von Freud angeführten Identitätsaustauschungen der Faden der monotheistischen Tradition unbeirrt fortspinnt – allen scheinbaren Unterbrechungen zum Trotz. Dort, wo Freud auf die Differenz von Aton und Jahve als dem Gott der Juden zu sprechen kommt, glaubt auch Freud „daß der Faden, den wir von der Annahme her spinnen wollten, Moses sei ein Ägypter gewesen, nun zum zweiten Mal abgerissen ist“ (GW XIII, S. 135).

Die Lösung, die Freud bekanntlich hilft, den Faden wieder aufzunehmen, ist die „Zweizeitigkeit“ der jüdischen Religionsstiftung. „Um unser Ergebnis in der kürzesten Formel auszudrücken: Zu den bekannten Zweiheiten dieser Geschichte – *zwei* Volksmassen, die zur Bildung der Nation zusammentreten, *zwei* Reiche, in die diese Nation zerfällt, *zwei* Gottesnamen in den Quellenschriften der Bibel – fügen wir zwei neue hinzu: *Zwei* Religionsstiftungen, die erste durch die andere verdrängt und später doch siegreich hinter ihr zum Vorschein gekommen, *zwei* Religionsstifter, die beide mit dem gleichen Namen Moses benannt werden und deren Persönlichkeiten wir voneinander zu sondern haben. Und alle diese Zweiheiten sind notwendige Folgen der ersten, der Tatsache, daß der eine Bestandteil des Volkes ein traumatisch zu wertendes Erlebnis gehabt hatte, das dem anderen fern geblieben war. Darüber hinaus gäbe es noch sehr viel zu erörtern, zu erklären und zu behaupten. Erst dann ließe sich eigentlich das Interesse an unserer rein historischen Studie rechtfertigen. Worin die eigentliche Natur einer Tradition besteht und worauf ihre besondere Macht beruht, wie unmöglich es ist, den persönlichen Einfluß einzelner großer Männer auf die Weltgeschichte zu leugnen, welchen Frevel an der großartigen Mannigfaltigkeit des Menschenlebens man begeht, wenn man nur Motive aus materiellen Bedürfnissen anerkennen will, aus welchen Quellen manche, besonders die religiösen, Ideen die Kraft schöpfen, mit der sie Menschen wie Völker unterjochen – all dies am Spezialfall der jüdischen Geschichte zu studieren, wäre eine verlokkende Aufgabe"(GW XIII, S. 154 f.).

Mit dieser Zweizeitigkeit ist ein Moment des Differenten verbunden, das Freud offensichtlich herausarbeiten möchte: Das dritte Kapitel hat zwei Vorbemerkungen, die sich widersprechen; in der ersten bekennt Freud, daß er darangehe, „einen gut begründeten Vorsatz zum zweiten Mal zu brechen" und die Moses-Studie fortzuführen (GW XVI, S. 156). Und sie endet, gleichsam auf die Latenzzeit der Religionsstiftung anspielend: „Ich werde diese Arbeit also nicht bekannt machen ... Sie mag dann in der Verborgenheit aufbewahrt bleiben, bis einmal die Zeit kommt, wann sie sich gefahrlos ans Licht wagen darf, oder bis man einem, der sich zu denselben Schlüssen und Meinungen bekennt, sagen kann, es war schon einmal in dunkleren Zeiten jemand da, der sich das nämliche wie du gedacht hat" (GW XVI, S. 158). Und dann später über die Entstehungsgeschichte seiner Arbeit: „In Wirklichkeit ist sie zweimal geschrieben worden" (GW XVI, S. 211).

Die Emigration, so die zweite Vorbemerkung, habe die Abhaltung von der Publikation beseitigt (nicht aber die Erläuterungen der ersten Vorbemerkung). „Aber nach wie vor fühle ich mich unsicher angesichts meiner eigenen Arbeit, vermisse ich das Bewußtsein der Einheit und Zusammengehörigkeit, das zwischen dem Autor und seinem Werk bestehen soll" (GW XVI, S. 160). Aber dieser unmittelbare Zusammenhang fehlt ja auch zwischen der ersten und der zweiten Religionsstiftung. Freud stiftet *seinen* Zusammenhang – durch weitere Wiederholungen.

Freud resümiert also das bisher Gesagte und schreibt dann u. a. den Satz: „Die priesterliche Darstellung will ein Kontinuum zwischen ihrer Gegenwart und der mosaischen Frühzeit herstellen, sie will gerade das verleugnen, was wir als die auffälligste Tatsache der jüdischen Religionsgeschichte bezeichnet haben, daß zwischen der Gesetzgebung des Moses und der späteren jüdischen Religion eine Lücke klafft..." (GW XVI, S. 169). *Das* ist der aufklärerische Impetus Freuds – die sowohl analytisch als auch mimetisch entwickelte Erfahrung der Psychoanalyse, daß sich die Wahrheit in den Differenzen und Lücken zeigt und nicht im System, daß Wahrheit immer wieder neu entstellt und verrückt werden muß, wenn sie überleben und Wirkung entfalten soll.

Nun aber tut Freud so, als ließe sich die jüdische Religionsgeschichte vollständig der individuellen Geschichte, wie sie die Psychoanalyse beschreibt, analogisieren: „... sie kommt der Identität nahe" (GW XVI, S. 177). Und Freud rekapituliert eine kurze Zusammenfassung der psychoanalytischen Theorie und schreibt schließlich: „Sicherlich ist aber von entscheidender Bedeutung die Erweckung der vergessenen Erinnerungsspur durch eine rezente reale Wiederholung des Ereignisses" (GW XVI, S. 208). Doch solche Wiederholung – wie wir an der Würdigung der Bedeutung der Urszene sehen konnten – heißt doch nichts anderes als eine Neuinterpretation der Vergangenheit. Freud scheint die Psychoanalyse auf die Genese der monotheistischen Religion anwenden zu wollen, aber es hat allen Anschein, als wenn er vor allem die Religion als Mittel der Selbstreflexion der Psychoanalyse benützte. Der Monotheismus ist für Freud nicht zuletzt auch ein Spiegel, in dem er seine eigene Triebtheorie reflektieren konnte. Mit der Einführung des Narzißmus, der Beschreibung der Tatsache, daß das Ich wie ein Objekt besetzt werden kann, und der damit vollzogenen Verwischung von Ich- und Objekttrieben, Ich- und Objektlibido war die dualistische Konzeption zugunsten eines Triebmonismus in Gefahr. Aus diesem Dilemma rettet sich Freud schließlich mit dem Gegensatz zwischen Eros und Todestrieb – das Freudsche Denken braucht die Differenz zu seinem Fortschreiten. Und es ist, als ob Freud diese Differenz wie zu seiner Bestätigung auch noch in die Religionsgeschichte eintragen möchte, und zwar in die Geschichte des Monotheismus: Die jüdische Religionsstiftung zeichnet sich dabei nicht nur durch Zweizeitigkeit aus – durch Differenz in der Zeit also –, sondern zugleich durch eine wesentliche strukturelle Differenz: Der Stifter des Judentums ist kein Jude – die jüdische Identität ist durch ein nichtidentisches Vorbild gestiftet. Wie Moses kein Jude ist Freud kein Psychoanalytiker – er hat die Psychoanalyse *geschaffen*.

In „Jenseits des Lustprinzips" spricht Freud von den „*Vitaldifferenzen*" (GW XIII, S. 60), die abgelebt werden müßten. Man könnte paradoxerweise vermuten, daß Freud den Todestrieb braucht, um eine solche Vitaldifferenz in den Eros und nicht zuletzt in sein Denken selbst erneut einzutragen. Wer solche Formulierungen liebt, könnte Spaß daran finden, das psychoanalytische Denken als Identitäten rekonstruktiv dekonstruierend zu charakterisieren (so es ihm nicht zu Zunge bricht).

Die Tradition, so schreibt Freud (GW XVI, S. 209) „muß erst das Schicksal der Verdrängung, den Zustand des Verweilens im Unbewußten durchgemacht haben, ehe sie bei ihrer Wiederkehr so mächtige Wirkungen entfalten ... kann." Warum soll das nicht auch – ein bißchen wenigstens? – für die Psychoanalyse gelten? Es würde ihr nicht schaden; auch der Mechanismus des Witzes funktioniert schließlich nach eben diesem Prinzip. (Und das Denken ebenso.)

Du sollst es dreimal sagen: Wiederholung, Ablenkung, Entstellung, Umweg – das, so *zeigt* (nicht unbedingt: *sagt*) uns Freud, sind die Weisen, wie wir uns der Wahrheit dessen, was uns bewegt, nähern können: Man muß mit der Wahrheit spielen, um sie zum Zuge zu bringen. Worüber man nicht sprechen kann, darüber muß man doch nicht schweigen. Das gilt offenbar nicht nur in der Kunst, sondern auch für die Psychoanalyse. Es ist nicht zuletzt auch die Wahrheit der Verführung.